January 18, 1999

What do I consider my most important Contributions?

- That I early on—almost sixty years ago—realized that MANAGEMENT has become the constitutive organ and function of the Society of Organizations ;

- That MANAGEMENT is not "Business Management- though it first attained attention in business- but the governing organ of ALL institutions of Modern Society;

- That I established the study of MANAGEMENT as a DISCIPLINE in its own right;

      and

- That I focused this discipline on People and Power; on Values; Structure and Constitution; AND ABOVE ALL ON RESPONSIBILITIES- that is focused the Discipline of Management on Management as a truly LIBERAL ART.

Peter F. Drucker

我认为我最重要的贡献是什么？

- 早在60年前，我就认识到管理已经成为组织社会的基本器官和功能；

- 管理不仅是"企业管理"，而且是所有现代社会机构的管理器官，尽管管理最初侧重于企业管理；

- 我创建了管理这门独立的学科；

- 我围绕着人与权力、价值观、结构和方式来研究这一学科，尤其是围绕着责任。管理学科是把管理当作一门真正的人文艺术。

彼得·德鲁克
1999年1月18日

注：资料原件打印在德鲁克先生的私人信笺上，并有德鲁克先生亲笔签名，现藏于美国德鲁克档案馆。为纪念德鲁克先生，本书特收录这一珍贵资料。本资料由德鲁克管理学专家那国毅教授提供。

彼得·德鲁克和妻子多丽丝·德鲁克

德鲁克妻子多丽丝寄语中国读者

　　在此谨向广大的中国读者致以我诚挚的问候。本书深入介绍了德鲁克在管理领域的多种理念和见解。我相信他的管理思想得以在中国广泛应用，将有赖于出版及持续的教育工作，从而令更多人受惠于他的馈赠。

　　盼望本书可以激发各位对构建一个令人憧憬的美好社会的希望，并推动大家在这一过程中积极发挥领导作用，他的在天之灵定会备感欣慰。

Doris Drucker

注：本页照片和多丽丝寄语原文与亲笔签名由北京光华博雅管理研修学院提供。

时代变局中的
管理者

［美］彼得·德鲁克 著

慈玉鹏 译

The Changing World
of the Executive

彼得·德鲁克全集

机械工业出版社

CHINA MACHINE PRESS

本书中文简体字版由 Harvard Business School Publishing Corporation 通过 Harvard Business Review Press 授权机械工业出版社在中国大陆地区（不包括香港、澳门特别行政区及台湾地区）独家出版发行。未经出版者书面许可，不得以任何方式抄袭、复制或节录本书中的任何部分。

北京市版权局著作权合同登记　图字：01-2021-1982 号。

图书在版编目（CIP）数据

时代变局中的管理者 /（美）彼得·德鲁克（Peter F. Drucker）著；慈玉鹏译 . —北京：机械工业出版社，2023.8

（彼得·德鲁克全集）

书名原文：The Changing World of the Executive

ISBN 978-7-111-73375-1

I. ①时… II. ①彼… ②慈… III. ①企业管理 IV. ① F272

中国国家版本馆 CIP 数据核字（2023）第 125860 号

机械工业出版社（北京市百万庄大街 22 号　邮政编码 100037）

策划编辑：李文静　　　　　　　责任编辑：李文静
责任校对：龚思文　　王　延　　责任印制：常天培
北京铭成印刷有限公司印刷
2023 年 9 月第 1 版第 1 次印刷
170mm×230mm · 16.25 印张 · 2 插页 · 194 千字
标准书号：ISBN 978-7-111-73375-1
定价：79.00 元

电话服务　　　　　　　　　网络服务
客服电话：010-88361066　机　工　官　网：www.cmpbook.com
　　　　　010-88379833　机　工　官　博：weibo.com/cmp1952
　　　　　010-68326294　金　书　网：www.golden-book.com
封底无防伪标均为盗版　机工教育服务网：www.cmpedu.com

功能正常的社会和博雅管理

为"彼得·德鲁克全集"作序

享誉世界的"现代管理学之父"彼得·德鲁克先生自认为，虽然他因为创建了现代管理学而广为人知，但他其实是一名社会生态学者，他真正关心的是个人在社会环境中的生存状况，管理则是新出现的用来改善社会和人生的工具。他一生写了 39 本书，只有 15 本书是讲管理的，其他都是有关社群（社区）、社会和政体的，而其中写工商企业管理的只有两本书（《为成果而管理》和《创新与企业家精神》）。

德鲁克深知人性是不完美的，因此人所创造的一切事物，包括人设计的社会也不可能完美。他对社会的期待和理想并不高，那只是一个较少痛苦，还可以容忍的社会。不过，它还是要有基本的功能，为生活在其中的人提供可以正常生活和工作的条件。这些功能或条件，就好像一个生命体必须具备的正常的生命特征，没有它们社会也就不称其为社会了。值得留意的是，社会并不等同于"国家"，因为"国"（政府）和"家"（家庭）不可能提供一个社会全部必要的职能。在德鲁克眼里，功能正常的社会至少要由三大类机构组成——政府、企业和非营利机构，它们各自发挥不同性质的作用，每一类、每一个机构中都要有能解决问题、令机构创造出独特绩效的权力中心和决策机制，这个权力中心和决策机制同时也要让机构里的每个人各得其所，既有所担当、做出贡献，又得到生计和身份、地位。这些在过去的国家中从来没有过的权力中心和决策机制，或者说新的"政体"，就是"管理"。在这里德鲁克把企业和非营利机构中的管理体制与政府的统治体制统称为"政体"，是因为它们都掌握权力，但是，这是两种性质截然不同的权力。企业和非营利机构掌握的，是为了提供特定的产品和服务而调配社会资源的权力，政府所拥有的，则是对整个社会公平的维护、正义的裁夺和干预的权力。

在美国克莱蒙特大学附近，有一座小小的德鲁克纪念馆，走进这座用他的故居改成的纪念馆，正对客厅入口的显眼处有一句他的名言：

> 有绩效的、负责任的管理是防御和替代极权的唯一选择。

当年纪念馆落成时，德鲁克研究所的同事们问自己，如果要从德鲁克的著作中找出一句精练的话，概括这位大师的毕生工作对我们这个世界的意义，会是什么？他们最终选用了这句话。

如果你了解德鲁克的生平，了解他的基本信念和价值观形成的过程，你一定会同意他们的选择。从他的第一本书《经济人的末日》到他独自完成的最后一本书《功能社会》之间，贯穿着一条抵制极权专制、捍卫个人自由和尊严的直线。这里极权的极是极端的极，不是集中的集，一字之差，其含义却有着重大区别，因为人类历史上由来已久的中央集权统治直到 20 世纪才有条件变种成极权主义。极权主义所谋求的，是从肉体到精神，全面、彻底地操纵和控制人类的每一个成员，把他们改造成实现个别极权主义者梦想的人形机器。20 世纪给人类带来最大灾难和伤害的战争和运动，都是极权主义的"杰作",德鲁克青年时代经历的希特勒纳粹主义正是其中之一。要了解德鲁克的经历怎样影响了他的信念和价值观,最好去读他的《旁观者》;要弄清什么是极权主义和为什么大众会拥护它,可以去读汉娜·阿伦特1951年出版的《极权主义的起源》。

　　好在历史的演变并不总是令人沮丧。工业革命以来,特别是从1800年开始,最近这200多年生产力呈加速度提高,不但造就了物质的极大丰富,还带来了社会结构的深刻改变,这就是德鲁克早在80年前就敏锐地洞察和指出的,多元的、组织型的新社会的形成:新兴的企业和非营利机构填补了由来已久的"国"(政府)和"家"(家庭)之间的断层和空白,为现代国家提供了真正意义上的种种社会功能。在这个基础上,教育的普及和知识工作者的崛起,正在造就知识经济和知识社会,而信息科技成为这一切变化的加速器。要特别说明的是,"知识工作者"是德鲁克创造的一个称谓,泛指具备和应用专门知识从事生产工作,为社会创造出有用的产品和服务的人群,这包括企业家和在任何机构中的管理者、专业人士和技工,也包括社会上的独立执业人士,如会计师、律师、咨询师、培训师等。在21世纪的今天,由于知识的应用领域一再被扩大,个人和个别机构不再是孤独无助的,他们因为掌握了某项知识,就拥有了选择的自由和影响他人的权力。知识工作者或由他们组成的知识型组织不再是传统的知识分子或组织,知识工作者最大的特点就是,他们独立自主,可以主动地整合资源、创造价值,促成经济、社会、文化甚至政治层面的改变,而传统的知识分子只能依附于当时的统治当局,在统治当局提供的平台上才能有所作为。这是一个划时代的、意义深远的变化,而且这个变化不仅发生在西方发达国家,也发生在发展中国家。

在一个由多元组织构成的社会中，拿政府、企业和非营利机构这三类组织相互比较，企业和非营利机构因为受到市场、公众和政府的制约，它们不可能像政府那样走向极权主义统治，这是它们在德鲁克看来，比政府更重要、更值得寄予希望的原因。尽管如此，它们仍然可能因为管理缺位或者管理失当，例如官僚专制，不能达到德鲁克期望的"负责任地、高绩效地运作"，从而为极权专制垄断社会资源让出空间、提供机会。在所有机构中，包括在互联网时代虚拟的工作社群中，知识工作者的崛起既为新的管理提供了基础和条件，也带来了对传统的"胡萝卜加大棒"管理方式的挑战。德鲁克正是因应这样的现实，研究、创立和不断完善现代管理学的。

1999 年 1 月 18 日，德鲁克接近 90 岁高龄，在回答"我最重要的贡献是什么"这个问题时，他写了下面这段话：

> 我着眼于人和权力、价值观、结构和规范去研究管理学，而在所有这些之上，我聚焦于"责任"，那意味着我是把管理学当作一门真正的"博雅技艺"来看待的。

给管理学冠上"博雅技艺"的标识是德鲁克的首创，反映出他对管理的独特视角，这一点显然很重要，但是在他众多的著作中却没找到多少对这方面的进一步解释。最完整的阐述是在他的《管理新现实》这本书第 15 章第五小节，这节的标题就是"管理是一种博雅技艺"：

> 30 年前，英国科学家兼小说家斯诺（C. P. Snow）曾经提到当代社会的"两种文化"。可是，管理既不符合斯诺所说的"人文文化"，也不符合他所说的"科学文化"。管理所关心的是行动和应

用，而成果正是对管理的考验，从这一点来看，管理算是一种科技。可是，管理也关心人、人的价值、人的成长与发展，就这一点而言，管理又算是人文学科。另外，管理对社会结构和社群（社区）的关注与影响，也使管理算得上是人文学科。事实上，每一个曾经长年与各种组织里的管理者相处的人（就像本书作者）都知道，管理深深触及一些精神层面关切的问题——像人性的善与恶。

管理因而成为传统上所说的"博雅技艺"（liberal art）——是"博雅"（liberal），因为它关切的是知识的根本、自我认知、智慧和领导力，也是"技艺"（art），因为管理就是实行和应用。管理者从各种人文科学和社会科学中——心理学和哲学、经济学和历史学、伦理学，以及从自然科学中，汲取知识与见解，可是，他们必须把这种知识集中在效能和成果上——治疗病人、教育学生、建造桥梁，以及设计和销售容易使用的软件程序等。

作为一个有多年实际管理经验，又几乎通读过德鲁克全部著作的人，我曾经反复琢磨过为什么德鲁克要说管理学其实是一门"博雅技艺"。后来，我终于意识到这并不仅仅是一个标新立异的溢美之举，也是在为管理定性，它揭示了德鲁克所认为的管理的本质，提出了所有管理者努力的方向。这至少包括了以下几重含义。

第一，管理最根本的问题，或者说管理的要害，就是管理者和每个知识工作者怎么看待与处理人和权力的关系。德鲁克是一位基督徒，他的宗教信仰和他的生活经验相互印证，对他的研究和写作产生了深刻的影响。在他看来，人是不应该有权力（power）的，只有造人的上帝或者说造物主才拥有权力，造物主永远高于人类。归根结底，人性是软弱的，经不起权力的引诱和考验。因此，人可以拥有的只是授权（authority），也就是人只是在某一阶段、某一事情上，因为所拥有的品德、知识和能力而被授权。不但任何个人是这样，整个人类也是这样。民主国家中"主权在民"，但是人民的权力也是一种授权，是造物主授予的，人在这种授权之下只是一个既有自由意志，又要承担责任的"工具"，他是造物主的工具而不能成为主宰，不能按自己的意图去操纵和控制自己的同类。认识到这一点，人才会谦卑而且有责任感，他们才会以造物主才能够掌握、人类只能被其感召和启示的公平正义，去时时检讨自己，也才会甘愿把自己置于外力强制的规范和约束之下。

第二，尽管人性是不完美的，但是人彼此平等，都有自己的价值，都有自己的创造能力，都有自己的功能，都应该被尊敬，而且应该被鼓励去创造。这也是德鲁克的管理学之所以可以有所作为的根本依据。管理者是否相信每个人都有善意和潜力？是否真的对所有人都平等看待？这些基本的或者说核心的价值观和信念，最终决定他们是否能和德鲁克的学说发生感应，是否真的能理解和实行它。

第三，在知识社会和知识型组织里，每一个工作者在某种程度上，都既是知识工作者，也是管理者，因为他可以凭借自己的专门知识对他人和组织产生权威性的影响——知识就是权力。但是权力必须和责任捆绑在一起。而一个管理者是否负起了责任，要以绩效和成果做检验。凭绩效和成果问责的权力是正当和合法的权力，也就是授权（authority），否则就成为德鲁克坚决反对的强权（might）。绩效和成果如此重要，不但在经济和物质层面，而且在心理层面，都会对人们产生影响。管理者和领导者如果持续不能解决现实问题，大众在彻底失望之余，会转而选择去依赖和服从强权，同时甘愿交出自己的自由和尊严。这就是为什么德鲁克一再警告，如果管理失败，极权主义就会取而代之。

第四，除了让组织取得绩效和成果，管理者还有没有其他的责任？或者换一种说法，绩效和成果仅限于可量化的经济成果和财富吗？对一个工商企业来说，除了为客户提供价廉物美的产品和服务、为股东赚取合理的利润，能否同时成为一个良好的、负责任的"社会公民"，能否同时帮助自己的员工在品格和能力两方面都得到提升呢？这似乎是一个太过苛刻的要求，但它是一个合理的要求。我个人在十多年前，和一家这样要求自己的后勤服务业的跨国公司合作，通过实践认识到这是可能的。这意味着我们必须学会把伦理道德的诉求和经济目标，设计进同一个工作流程、同一套衡量系统，直至每一种方法、工具和模式中去。值得欣慰的是，今天有越来越多的机构开始严肃地对待这个问题，在各自的领域做出肯定的回答。

第五，"作为一门博雅技艺的管理"或称"博雅管理"，这个讨人喜爱的中文翻译有一点儿问题，从翻译的"信、达、雅"这三项专业要求来看，雅则雅矣，信有不足。liberal art 直译过来应该是"自由的技艺"，但最早的繁体字中文版译成了"博雅艺术"，这可能是想要借助它在中国语文中的褒义，我个人还是觉得"自由的技艺"更贴近英文原意。liberal 本身就是自由。art 可以译成艺术，但管理是要应用的，是要产生绩效和成果的，所以它首先应该是一门"技能"。而管理的对象是人们的工作，和人打交道一定会面对人性的善恶、人千变万化的意念——感性的和理性的，从这个角度看，管理又是一门涉及主观判断的"艺术"。所以 art 其实更适合解读为"技艺"。liberal——自由，art——技艺，把两者合起来就是"自由的技艺"。

最后我想说的是，我之所以对 liberal art 的翻译这么咬文嚼字，是因为管理学并不像人们普遍认为的那样，是一个人或者一个机构的成功学。它不是旨在让一家企业赚钱，在生产效率方面达到最优，也不是旨在让一家非营利机构赢得道德上的美誉。它旨在让我们每个人都生存在其中的人类社会和人类社群（社区）更健康，使人们较少受到伤害和遭受痛苦。让每个工作者，按照他与生俱来的善意和潜能，自由地选择他自己愿意在这个社会或社区中所承担的责任；自由地发挥才智去创造出对别人有用的价值，从而履行这样的责任；并且在这样一个创造性工作的过程中，成长为更好和更有能力的人。这就是德鲁克先生定义和期待的，管理作为一门"自由的技艺"，或者叫"博雅管理"，它的真正的含义。

邵明路

北京光华博雅管理研修学院[⊖]创办人

⊖ 原名北京彼得·德鲁克管理研修学院。

跨越时空的管理思想

20 多年来，机械工业出版社关于德鲁克先生著作的出版计划在国内学术界和实践界引起了极大的反响，每本书一经出版便会占据畅销书排行榜，广受读者喜爱。我非常荣幸，一开始就全程参与了这套丛书的翻译、出版和推广活动。尽管这套丛书已经面世多年，然而每次去新华书店或是路过机场的书店，总能看见这套书静静地立于书架之上，长盛不衰。在当今这样一个强调产品迭代、崇尚标新立异、出版物良莠难分的时代，试问还有哪本书能做到这样呢？

如今，管理学研究者们试图总结和探讨中国经济与中国企业成功的奥秘，结论众说纷纭、莫衷一是。我想，企业成功的原因肯定是多种多样的。中国人讲求天时、地利、人和，缺一不可，其中一定少不了德鲁克先生著作的启发、点拨和教化。从中国老一代企业家（如张瑞敏、任正非），及新一代的优秀职业经理人（如方洪波）的演讲中，我们常常可以听到来自先生的真知灼见。在当代管理学术研究中，我们也可以常常看到先生的思想指引和学术影响。我常常对学生说，当你不能找到好的研究灵感时，可以去翻翻先生的著作；当你对企业实践困惑不解时，也可以把先生的著作放在床头。简言之，要想了解现代管理理论和实践，首先要从研读德鲁克先生的著作开始。基于这个原因，1991年我从美国学成回国后，在南京大学商学院图书馆的一角专门开辟了德鲁克著作之窗，并一手创办了德鲁克论坛。至今，我已在南京大学商学院举办了100多期德鲁克论坛。在这一点上，我们也要感谢机械工业出版社为德鲁克先生著作的翻译、出版和推广付出的辛勤努力。

在与企业家的日常交流中，当发现他们存在各种困惑的时候，我常常推荐企业家阅读德鲁克先生的著作。这是因为，秉持奥地利学派的一贯传统，德鲁克先生总是将企业家和创新作为著作的中心思想之一。他坚持认为："优秀的企业家和企业家精神是一个国家最为重要的资源。"在企业发展过程中，企业家总是面临着效率和创新、制度和个性化、利润和社会责任、授权和控制、自我和他人等不同的矛盾与冲突。企业家总是在各种矛盾与冲突中成长和发展。现代工商管理教育不但需要传授建立现代管理制度的基本原理和准则，同时也要培养一大批具有优秀管理技能的职业经理人。一个有效的组织既离不开良好的制度保证，同时也离不开有效的管理者，两者缺一不可。这是因为，一方面，企业家需要通过对管理原则、责任和实践进行研究，探索如何建立一个有效的管理机制和制度，而衡量一个管理制度是否有效的标准就在于该制度能否将管理者个人特征的影响降到最低限度；另一方面，一个再高明的制度，如果没有具有职业道德的员工和管理者的遵守，也会很容易土崩瓦解。换言之，一个再高效的组织，如果缺乏有效的管理者和员工，组织的效率也不可能得到实现。虽然德鲁克先生的大部分著作是有关企业管理的，但是我们可以看到自由、成长、创新、多样化、多元化的思想在其著作中是一以贯之的。正如德鲁克在《旁观者》一书的序言中所阐述的，"未来是'有机体'的时代，由任务、目的、策略、社会的和外在的环境所主导"。很多人喜欢德鲁克提出的概念，但是德鲁克却说，"人比任何概念都有趣多了"。德鲁克本人虽然只是管理的旁观者，但是他对企业家工作的理解、对管理本质的洞察、对人性复杂性的观察，鞭辟入里、入木三分，这也许就是企业家喜爱他的著作的原因吧！

德鲁克先生从研究营利组织开始，如《公司的概念》（1946 年），到研究非营利组织，如《非营利组织的管理》（1990 年），再到后来研究社会组织，如《功能社会》（2002 年）。虽然德鲁克先生的大部分著作出版于 20 世纪六七十年代，然而其影响力却是历久弥新的。在他的著作中，读者很容易找到许多最新的管理思想的源头，同时也不难获悉许多在其他管理著作中无法找到的"真知灼见"，内容涵盖从组织的使命、组织的目标以及工商企业与服务机构的异同，到组织绩效、富有效率的员工、员工成就、员工福利和知识工作者，再到组织的社会影响与社会责任、企业与政府的关系、管理者的工作、管理工作的设计与内涵、管理人员的开发、目标管理与自我控制、中层管理者和知识型组织、有效决策、管理沟通、管理控制、面向未来的管理、组织的架构与设计、企业的合理规模、多角化经营、多国公司、企业成长和创新型组织等。

30 多年前在美国读书期间，我就开始阅读先生的著作，学习先生的思想，并聆听先生的课堂教学。回国以后，我一直把他的著作放在案头。尔后，每隔一段时间，每每碰到新问题，就重新温故。令人惊奇的是，随着阅历的增长、知识的丰富，每次重温的时候，竟然会生出许多不同以往的想法和体会。仿佛这是一座挖不尽的宝藏，让人久久回味，何其有幸，得之伴随终生。一本著作一旦诞生，就独立于作者、独立于时代而专属于每个读者，不同地理区域、不同文化背景、不同时代的人都能够从中得到启发、得到教育。这样的书是永恒的、跨越时空的。我想，德鲁克先生的著作就是如此。

特此作序，与大家共勉！

南京大学人文社会科学资深教授、商学院名誉院长

博士生导师

2018 年 10 月于南京大学商学院安中大楼

组织型社会

　　20 世纪的社会已成为组织型社会。在一个世纪前还是由家庭在家里、商店、农场完成的社会任务（从提供商品和服务，到教育后代、照顾老人和病患），现在越来越多地在大型组织中以及通过大型组织完成。这些大型组织，不论是企业、医院、中小学，还是大学，都是为持续运行而设计的，并由职业化的经理人运作。因此，管理者（executive）已成为我们社会中的领导群体。旧时代的领导群体，不论是贵族、教士、地主，还是商业大亨，都已经消失或被边缘化。

　　管理者的首要工作是使他所在的组织运行良好。成果始终存在于组织外部。组织内部只会产生成本。即使是效率最高的制造工厂，它也还是一个成本中心，直到某个远方的客户为购买其产品而付了款。因此，管理者需要不断努力以保持组织绩效不被那些对内部事务的关注（即官僚作风）压倒。企业起码要受市场控制，市场会迫使企业从关注内部事务转向关注外部成果和绩效，哪怕最强大的企业也是如此。但在公共服务机构中，市场检验是空缺的（在许多情况下甚至无法模拟），官僚作风会不断制造吞噬绩效的威胁。

对于身处市场机制中的企业，我们正逐步开发出一套创业准则，也就是绩效准则。但即使是美国总统，面对那种大得难以管理、复杂得难以管理且以自我为中心的官僚机器，要想管理它以维持政治领导能力和政治决策能力，也是在打一场赢不了的仗。

因此，旨在使组织运行良好并产生成果的创业技艺和准则将持续受到关注。这种关注不仅涉及企业，也涉及公共服务机构。

管理者作为一个"人"——作为社会的关键个体，作为其所在组织的一个成员——变得越来越重要。中层经理和其他作为独立贡献者的专业人员⊖（例如：工程师、药剂师、会计师、计算机程序设计师、医疗技师等）已经构成美国社会中增长最快的群体，事实上，在所有发达国家都是如此。对受过良好教育的人而言，在组织中担任经理和其他专业人员的职业生涯是最重要的职业机会。在获得大学学位的年轻人中，有望进入组织并作为管理性或其他专业性的雇员度过整个职业生涯的占十分之九。

大体上，社会理论家和政治科学家仍然把世人划分为"上司"和"普通工人"。但这是19世纪的现实。当今的现实是，有些人是"上司"，但他们也有自己的上司；他们不是"资本家"，但通过养老基金和储蓄共同拥有国家经济；那些将自己视为"专业人员"的人也是"雇员"，而这并非传统的"专业人员"所应有的样子。

他们是谁？他们代表什么？他们的立场是什么？他们的难题、机会、担忧是什么？他们如何能够充分利用组织来实现自己在生活和工作中的目

⊖ 德鲁克在《认识管理》（*An Introductory View of Management*）中认为，这类人员是"可能不对任何人负有监督管理责任（可能仅配备一名秘书或助手），通过运用自己的专业知识为企业成果做出贡献的管理者，例如广告专家"。——译者注

的？反过来，组织提供他们缺乏的资本，承担他们不能或不敢承担的风险，从而使他们能够过上高薪的中产阶级舒适生活，那么他们应该为组织做出什么贡献？

当然，管理层和经理还有许多其他的担忧：来自新技术、劳工关系、政府监管、日益增长的全球经济一体化等因素的影响，税收和薪酬，迅速变化的内部机构，经理人的开发等。

我们的社会中存在这样一种奇怪的矛盾心理：一方面对企业和大型组织表现出明显的敌意；另一方面对商学院表现出友好态度，在某种程度上商学院已成为发展最快的高等教育机构。事实上，不论是在公共服务组织还是在企业中，对晋升而言，MBA 学位已变得越来越重要。

社会的年龄结构正在发生变化，它正为年轻人营造出一种极其激烈的竞争氛围。同时，身处中年的经理和专业人员对从事第二职业的渴望也日益强烈。对个人而言，这是个难题；对雇用他的组织而言，这是个挑战。

尽管在过去的 25 年中关于管理的著作层出不穷，但人们对管理世界的探索仍然很少。管理世界不仅涵盖各种议题，还包括各类人员。它正在发生迅速的变化。

本书收录的文章探讨了多种主题，涉及劳动力及其工作、期望的变化，"雇员型社会"的权力关系，技术以及世界经济的变化；论述了企业、学校、医院、政府机关等主要机构面临的难题和挑战；重新审视了管理者的任务与工作、管理绩效及其衡量以及管理者的薪酬。

不过，无论主题多么多样，所有的文章都反映了同一个现实：在所有的发达国家，工作日的世界已经成为"组织型社会"，因此也就要以管理者为依靠了，这些管理者就是指导组织并使组织运行良好的受薪人员（不管是被称为经理，还是行政管理人员）。这些章节有一个共同主题——管理者所处的变化中的世界，这些变化包括组织内部的迅速变化，雇员、客户和支持者在愿景、抱负甚至特性上的迅速变化，组织外部（经济、技术、社会、政治）的变化。

在本书中，有39章最初发表在《华尔街日报》(*The Wall Street Journal*) 社论版，有1章（即第23章"冗余雇用的教授"）最初发表在《高等教育纪事报》(*The Chronicle of Higher Education*)，结语"'企业伦理'问题"最初是为《公共利益》(*The Public Interest*) 杂志撰写并发表在那上面的。

本书有两个目标：第一，深入洞察并理解管理者所处的世界；第二，提供一个实用的"管理者日程"。正如我们现在所知道的，现代组织仅有100年的历史，直到第二次世界大战时（不到50年前）它才成为一个清晰的概念和研究对象。这片"新大陆"已经被命名，其轮廓也能被勾勒出来。但除此之外，我们的探索仍处于非常早期的阶段。本书的第二个目标（提供一个"管理者日程"）旨在激发思考和行动，鼓励读者带着下述最重要的问题阅读："在我的组织中，我以及'我们'，如何能够运用这些思想或洞见使工作开展得更有效——把现有工作做得更好，最重要的是，迎接并适应新的、不同以往的事物？"

彼得·德鲁克

加利福尼亚州，克莱蒙特

1981年感恩节

1

管理者的日程

THE CHANGING WORLD
OF THE EXECUTIVE

关于管理的作品强调的是"管理他人"，很少有作品论述"管理自己"。但管理他人总归是"不可靠的"。管理他人真的会奏效吗？然而，一个人总能够管理自己，或者起码可以试试。

要管理他人，最有效的做法是通过以身作则来管理，而非通过说教或宣讲政策来管理。如果没有以身作则，即使最动人的说教、最明智的政策也难以奏效。"照我说的做，别照我做的做"，这是外部人员（咨询顾问）的座右铭。有效的管理者们知道，他们的同事会照上司所做的去做，而不一定照上司所说的去做。

因此，在这本关于管理者及其所处的变化世界的文集中，第一部分论述的就是（变化世界中的）这种管理者的绩效、任务与角色。同时，由于管理者得到薪酬的原因是他们被期望在工作中表现良好以及确保能把正确的事做好，所以第 2 章是关于管理绩效及其衡量、关于有组织的反馈的（这种反馈是一个管理者内在的持续学习和自我发展所需要的）。

抗通胀的公司

似乎每周都有新书上市，讲述某种保护个人及其金钱不受通胀影响的可靠方法。但似乎没有哪本书对保护公司给予过关注。然而，除非经济体系中创造财富的资产（即公司）保持生产能力，否则个人的财富也不太可能保存下来。旷日持久的通胀使这种生产能力受到威胁，更不用说像当前全世界正在经历的长期高通胀所造成的威胁。人人都已接受长期通胀，甚至包括那些"进步主义"的经济学家，他们认为，相对其他危害而言，通胀的危害是相当小的。

公司（实际上也包括个人）不可能对通胀的危害完全免疫。但让公司变得"抗通胀"是可能的，这样一来，它就能对这种大流行病有一定的抵御能力和恢复能力。而且，这样做所需的成本很低，仅需付出适度的努力。

要做的第一件事（确实是绝对的先决条件）是掌握事实。公司要根据通胀调整其数据（当前在美国只有少数公司这么做），不这么做就不能抵抗通胀，反而会成为受害者。不这么做的公司必然会做一些加剧通胀危害的事情，原因很简单，其决策立足于错误信息和自我欺骗。如果缺乏根据通胀调整过的会计核算，公司一定相信销售增加了，而实际上销售减少了，市场地位也下降了。它们一定相信利润正在超越先前的记录，而实际上利润下降了或完全没有了。它们一定相信财务状况强健，而实际上正处于资不抵债的边缘，且无力抵抗通胀时期普遍存在的"信贷紧缩"和"流动性危机"。销售和市场地位、应收款项[⊖]和存货、折旧、资本与偿债要求以及利润都需要根据通胀调整后的数据不断重述，从而使公司自身能够抵抗通胀。

下一步是系统的资金管理。通胀时期不可避免的畸形现象之一是过度强调财务。在利率高达 17% 的情况下，一位不称职或没经验的财务主管一周内损失的资金，可能比市场部门 3 个月为公司挣得的收入还多，此时巧妙处理资金会被视为比制造和营销商品或服务更重要。但要抵抗通胀，一家公司需要做的不仅是巧妙处理资金和利率投机（唉，虽然在通胀时期这两者都是需要的）。公司不得不设法同时满足本质上不兼容的两项要求。它不得不把货币贬值造成的损失降至最低，这意味着持有最少的现金和最多的短期债务。但与此同时，通胀时期公司需要高度的流动性。在任何通胀时期，"信贷紧缩"和"流动性危机"会在没有任何预警的情况下突然爆发。而且，与所有政客的承诺相反，通胀过后不会出现"软着陆"，至少第一次通胀（即 16 世纪持续了 100 多年的世界性恶性通胀）以来，现代经济史上尚未出现过。

因此，为了抵抗通胀，公司需要在过高流动性造成损失和过低流动性造成灾难这两种风险之间维持一种谨慎的、有原则的、长期的平衡政策。每家

⊖ 应收款项（receivables），德鲁克在本书第 11 章"对资本生产率进行管理"中认为，应收款项是企业向客户提供的信贷。——译者注

公司都有自己特定的财务状况，具体到**某一家**公司，它要支付多高的风险溢价才能安然度过流动性危机或信贷紧缩呢？通胀时期的财务恐慌犹如加勒比海上 9 月的飓风，通常很快就会平息下来。但这不足以让人们感到安慰，因为或许船在受到第一次猛烈冲击时就翻了。

最后，抗通胀的公司需要刻意避免下述愚蠢的行为（在通胀时期这种行为会被视为头脑清醒的行为）：专注于非常短暂的和眼前的事情。在通胀时期，这种专注是"合理的"。因为在 17% 左右的利率下，所有投资期限超过四年的投资物都是没有现值可言的——如果遇到什么风险，未来投资的现值缩减至零的时间，会缩短至两年左右。这意味着，在通胀时期放弃任何不那么"确定的"且几年后才会获得的支出收益，是"合理的"。剥夺未来成为"合理的"。但几年前的环境危机告诉我们，这不是"合理的"，而是愚蠢的，是能想到的最浪费的、代价最大的行为。

在 16 世纪以来的每次通胀中，"聪明的家伙"都着眼于短期。他们曾经一度是"奇迹创造者"和"炙手可热的人"^㊀。但是，一旦通胀停止（哪怕只是暂停），他们往往声销迹灭。20 世纪 20 年代德国恶性通胀的"魔术师"胡戈·斯廷内斯^㊁，在狂热的三年时间内建立了欧洲最大、显然也是最强的"企业集团"。1923 年 10 月，德国马克稳定 6 个月后，斯廷内斯就破产了，他的帝国被清算。

幸存者都是为未来做准备的"傻瓜"。最典型的例子是德国的西门子公司。在德国通胀期间，西门子公司被认为"毫无希望"。但后来该公司一跃

㊀ 这段话中的"聪明的家伙"(smart boys)、"奇迹创造者"(miracle workers)、"炙手可热的人"(hot pistols) 都是当时美国大众媒体上常用的词汇。——译者注

㊁ 胡戈·斯廷内斯 (Hugo Stinnes, 1870—1924)，德国实业家，政治人物。——译者注

成为世界第二大电气设备巨头，仅次于美国的通用电气公司。西门子公司在欧洲的老对手 AEG[⊖]（也是德国的）在通胀期间"很聪明"，是证券分析师和金融作家的宠儿；在通胀结束之后其竞争实力从未恢复，反而越来越落后。西门子公司的所作所为很简单。它的日常运营，包括资金管理，都是根据通胀的实际情况进行的。一切有关创造未来的事务，都像通胀不存在一样地进行着。

为了让公司抵抗通胀，创造未来的活动（科学和技术研究，产品和工艺的创新与开发，工厂和设备的维护，市场开发，客户服务，专业人员、管理人员、技术人员的开发与培训）要像利率为 3% 时那样进行，也就是不考虑通胀带来的冲击。在任何公司中，这些活动至少占总支出的 1/10，在某些公司，它们的占比还会比这高得多。对抗通胀的公司而言，它们必须优先于其他所有事务，除了为使公司能够应对流动性紧缩压力而预留所必需的现金流。

顺便说一句，对个人来说，保持"财富创造能力"（也就是一个人的技能和知识）可能是抵抗通胀的最佳途径。历史经验表明，所有遏制通胀的妙计（无论是投资房地产，还是投资钻石、期货、黄金、古董等）都值得怀疑，而它们却都是当今的畅销书言之凿凿予以宣传的。政府总能找到办法战胜最聪明的抗通胀妙计。不过，尽管德国的农场主、小店主、工厂主在 10 年后仍未从 1920～1923 年的通胀中恢复（当然，这是希特勒得以崛起的主要因素），但是医生、律师、工程师在马克稳定下来的 6 个月内就恢复了原先的收入水平。现在纷纷参加高级管理项目的专业人员，进修工程、会计、法律、医学课程的专业人员，到头来可能是唯一几乎不受通胀影响的人。

（1981 年）

⊖ AEG，德国企业，成立于 1883 年，一度是世界上最大的电气设备公司。——译者注

管理计分卡

如今，在管理研讨会和管理杂志上，企业界的朋友、批评者，监管机构都在热烈讨论"管理审计"。支持者往往主张对管理层的基本品质开展彻底调查，包括管理层的精神面貌和诚实正直、创造力、"社会价值观"、人类同理心等。反对者则对此嗤之以鼻："胡说，唯一重要的是绩效，而这是通过盈亏来衡量的。"

可以毫不含糊地断言，双方都错了。对"管理"进行评估的需要是存在的。实际上，很有可能董事会在相当短的时间内就会被强加一项法定职责，即对上市公司的管理层进行评估。但同样正确的是，只有绩效能够被评估。管理审计的支持者谈论的事物（如诚实正直或创造力），最好留给小说家。

然而，就衡量管理绩效而言，"盈亏"甚至算不上是一个合适的标准。盈亏衡量的是公司绩效而非管理绩效。当前的公司绩效很大程度上是先前的管理绩效（或缺乏绩效）带来的结果。

　　当然，如今的管理者远不止是过去那种被动的保管人。他们能够且应该适当修改自己所继承的决策。这些决策如同所有关于未来的决策一样，都可能会在未来出错，实际上，当它们出问题时，帮忙摆脱困境是管理者最重要且最困难的任务之一。但如今的管理者也承担着创造未来业务的责任，提前期[⊖]正变得越来越长，在某些领域甚至长达 10 年左右。

　　因此，管理绩效在很大程度上意味着做好当前的工作从而为未来做好准备。而且，这是最需要衡量（或起码是评估）管理绩效的领域。

　　对于当前的管理绩效，当然只有在事后（即未来）才可能衡量。但在当前进行大致的评估是可能的。因为未来的业务主要由四个领域的管理绩效塑造，在每个领域中，管理层的平均成功率是可以确定的，并且管理层一旦知道了每个领域过往的成败记录，就可以努力改善自身的绩效。

一、资本拨款的绩效

　　几乎每家公司都有详尽的资本拨款程序。即使在分支机构经理几乎拥有完全自由的公司里，高层管理团队也严格控制着资本拨款，并且即使对相当小额的资本投资，他们也要保留最终决定权。绝大多数的管理层在资本拨款方面花费了大量时间。但令人惊讶的是，很少有管理层会对资本投资得到批准后发生的事情给予多少关注。在许多公司里，这一点甚至都没有办法弄清楚。可以肯定的是，如果耗资数百万美元的新工厂建设落后于计划，或者成本大大超出最初的计划，那么人人都会知道此事。然而，一旦工厂"投产"，

⊖　提前期（lead time）：从做出决策到产生结果必经的时间，例如，从做出新建一家钢铁厂的决策到该厂投产之间的年数。——译者注

就不会有太多人将其绩效与对这项投资的预期进行比较。同时，对于较小规模的投资，一旦做出决策就很少有人会再对其给予关注，尽管这些较小规模的投资加在一起与大规模投资能达到同样重要的程度。

但几乎没什么比资本拨款的绩效（也就是将资本投资的实际情况与预期进行对比的结果）更能检验管理层的胜任程度和绩效了。通用汽车公司在大约 60 年前就已经知道了这些，实际上，该公司在 1927 年最早建立了监测管理层资本投资决策绩效的系统。

自那时起，我们已经知道，既需要根据做出投资决策时的预期收益衡量投资本身的收益，又需要衡量投资决策对整个企业的收益和盈利能力的影响（同样，这也要根据做出决策时的预期来进行衡量）。根据资本拨款决策的成果进行这种反馈是一件非常简单的事情。除了在最大、最复杂的公司，这不需要使用计算机，只需要一份可以放在最下层抽屉里的普通总分析表。然而，这里需要意愿，即管理层在做出决策时愿意对预期做出承诺，然后需要的是理智的诚实，即管理层能够直面实际成果，而非试图避免去关注它们。

二、人员决策的绩效

每个人都同意，对管理人员与其他专业人员的开发与配置是任何组织最终的控制手段。实际上，这是确保当前决策能在未来结出果实的唯一方法。就其性质而言，关于未来的决策（也就是把当前的经济资源投入不确定的未来的这种管理决策）可能会遭遇严重困难。进而，这一切的结果都取决于未来的人是否有能力从当前的管理决策在未来造成的困境中走出来。然而，尽管该领域被认为是非常重要的，却也通常被认为是难以界定的。但无论是安排某人从事某项工作时的绩效预期，还是该项任命后的成果实现情况，都不是难以界定的。它们或许不能被量化，但肯定能够（且非常容易地）被判断。

当某项任命没有达到预期时，我们可以确定，做出该决策的管理者、挑选并任命此人的管理者做出了错误的决策，或者（同样也是经常地）以错误的方式做出了决策。把失败的晋升归咎于被晋升者（这是通常的做法），并不比把失败的资本投资归咎于资金"变馊了"更合理。实际上，那些知道如何做出人员决策并为之开展工作的管理者，并不接受说他们所任命的人符合经常被提及的"彼得原理"[⊖]。在他们挑选的被晋升者中，很少（极少）有不称职的人。他们从不相信，好的人员决策是通过"对人的准确判断"做出的。他们知道，好的人员决策是由那些不知道如何判断人却努力做好人员决策的管理者所制定的，尤其是由那些确保对自己做出的人员决策如何在实践中发挥作用进行检查的管理者所制定的。

对一个组织的精神及对组织中人员的开发进行判断确实是不可能的，或者说至少是不容易做到的，更别提检验了。但对精神和开发的成果进行检验（也就是对人员决策的绩效与决策之时的预期做比较）是很容易的。

三、创新的绩效

对一项研究工作、开发工作、新业务或一个新产品的预期是什么？进而1年、2年、3年、5年后的实际成果是什么？我们一直被告知，研究成果不

能被预测或被提前推断。但毫无疑问，研究成果是可以被衡量的，或者至少是可以进行评估的，进而可以同研究工作启动时的承诺与预期进行比较。同样的道理也适用于开发工作、新业务、新产品、新市场以及创新活动。

即使最能干的管理层，在创新领域的成功率最高只有 30% 左右。创新是偶然发生的。但除了运气之外，某些公司（如宝洁或 3M）的管理者在产品开发和产品导入方面的绩效比其他多数公司高得多，这肯定是有原因的。一个原因是，所有平均成功率高的公司都根据预期系统地评估创新绩效。然后它们能够加以改进；再然后，也是最重要的，它们能知道自己擅长什么。多数公司通过关于前景的承诺来管理创新。能干的创新者通过成果来管理创新。

四、计划的绩效

最后，管理绩效可以且应该根据公司的计划加以衡量。问题依然是：与预期比较，成果如何。计划中所预测的事情发生了吗？它们是真正重要的事情吗？根据实际的发展情况（既包括企业的内部情况，也包括市场、经济、社会中的情况），当初设定的总体目标正确吗？这些总体目标实现了吗？

计划不是试图预测未来，更不是试图控制未来，这句话说得次数再多都不为过。计划是试图在深入思考决策前瞻性的前提下制定当前的决策。因此，计划无论是系统地制订的还是随意地制订的，都体现了对未来的预期。这些预期随后会被实际事件证实或证伪，无论哪种结果，都是对管理绩效的严格检验。同样，这里还是要求对预期进行界定及阐明，并要求根据预期对实际事件做出有组织的反馈。如同在创新领域，最有能力的公司在其业务计划方面也没有特别高的成功率，如果用棒球来比喻，我认为击球成功率低于

30%。但这些公司的管理者至少知道，他们在何时三振出局或击出了安打，尤其是他们知道了自己擅长什么，需要改进什么。

由于计划（无论怎样安排的）是一个把企业资源投入未来的过程，所以对管理层履行创造未来的责任方面的绩效而言，计划的绩效至关重要。因此，对计划绩效进行评估是衡量管理绩效的最后一项（尽管可能不是最不重要的）。

如果公司从事的是错误的业务，那么上述四个领域中哪怕是最优秀的技能也不可能有太大帮助。这些技能不可能帮助产品远远落后于时代的制造商打造一项赚钱业务，或者把成熟行业中的老企业（如面包店）打造成一家成长中的公司。但至少这些领域的技能和绩效很快就会表明，一家公司正沉溺于过时的业务或者它不具备实现成长的经济特性。

另外，除非管理层在资本投资决策、人员决策、创新、计划方面表现良好（或至少适当），否则从事正确的业务和树立正确的目标也不会带来绩效。这四个决策领域并非企业管理的本质所在，但它们是对管理层进行检验的领域，并且每个管理层都应该在这些领域接受检验。

（1976 年）

帮助中小公司应对危机

公司成长是对其成就的一个奖励，本应为之高兴。然而，对太多中小公司而言，成长反而变成了噩梦。正当公司看起来已为迅速且有利可图的成长做好了准备时，它却失去控制，陷入严重的困境。

即使在危机中幸存（很多公司都未能幸存），公司也往往丧失了早期的成长潜力，并会一直处于发育不良的状态。在最好的情况下，公司得以恢复并继续走向成功，但危机仍会留下深深的、永久的伤痕。

我认识到，运用下述五条简单的规则可以让中小公司在不失控和免受成长危机严重折磨的情况下成长。

一

成长要求进行投资。这总会使公司的财务资源紧张。除非公司对现金流加以管理，否则成长可能造成流动性压力，这种压力甚至可能会把成长中的公司推向破产的深渊。利润在这种公司中排在第二位。实际上，在一个迅速成长的公司中，利润是一种会计错觉，它应被视为应急储备金。

二

成长中的公司尤其是中小公司需要预测至少未来 2 年（最好是未来 3 年）所需的财务结构和财务资源。它现在就需要去努力获得维持成长将需要的外部资金。

公司对资金的需求并不与销量成正比。一些领域可能需要更多资金，其他领域可能需要更少资金。例如，应收款项的增速可能不得不两倍于销售的增速，但也可能销售翻番，应收款项的增速只有一半，甚至根本没增长。这适用于所有领域，包括：制造型工厂的厂房和设备，仓库或运输车队等配送设施，技术服务或材料库存方面的投资。

因此，在公司迅速成长的过程中，资本结构始终是需要做出改变的。当前的结构总会变得不合适，成为束缚。如果在当下解决未来的财务需求和财务结构，也就是说，在需求发生的几年之前就予以解决，那么当下健康的公司几乎总能够以合适的数量和形式（普通股、长期债务、中期票据或短期商业信贷）获得所需的资金。

如果公司等到需要新的资金时才行动，那就太迟了。即使能够获得所需的资金，也不太可能以合适的形式获得，并且基本上可以肯定，公司会付出高昂的代价。

成长中的公司的财务计划不需要非常详尽，实际上，它很少能够详尽地制定。但它需要及时，这意味着远远超前于实际需要出现之时。出发点必须是这样一种认识：成长是质性的，并且会改变财务需求和财务结构。成长不仅仅是"更多"，它还创造了新的、不同的东西。

三

为了在实现成长的同时避免成长危机，公司还需要预测未来的信息需求。成长总会需要会计体系所不能提供的信息，这些信息是关于公司之外的，尤其是关于市场的。

我清楚地记得消费品行业的一家小公司，它推出了一系列非常成功的创新产品，年销售复合增长率达到了 10% ~ 15%。该公司宣布将大幅涨价，但会在当年剩余的时间内以原价向现有经销商供货。该年度的销售激增了50%。但在下一年度的第一天后，销售就完全枯竭了。6 个月后，销售恢复到原先的一半。该公司最终倒闭，被迫进行清算。

实际上，除了对信息的缺乏外，什么都没变。最终客户仍以每年增加10% ~ 15% 的速度购买。但经销商因预期将涨价而囤积了大量库存，因此在消化完库存之前，他们一直推迟下新订单。

然而这家公司没人意识到这些，因为每个人都（误）认为"销售"是向经销商交付货物——这是法律和会计上的定义，而非经济上的定义。（顺便说一下，这通常是错误的定义。）其实，最简单的客户购买样本（如每月 1% 的经销商的实际销售样本）就可以让公司提前知道发生了什么，并使其能够采取适当的措施。

但任何熟知成长中的小公司的人都知道，缺乏这种简单信息的情况太常见了。因此，希望成长的中小公司需要问："我们还需要什么信息才能实现真正的控制，并了解公司的实际情况？公司的实际成果是什么？实际成本是什么？"缺乏这些信息会对公司造成损害，在这种损害出现之前很久，公司就需要搜寻这些信息。

四

想要成长的中小公司需要聚焦于技术、产品、市场，需要从那些会让自己转移注意力的事务中解脱出来。

例如，有家制造商在其本土市场（美国）的年销售额是 1200 万美元（这是从 5 年前的 300 万美元增长起来的），同时它也开展了国际业务，在日本有一家合资企业，在欧洲有两座小型工厂。经过 5 年的艰苦工作，它的国际业务总共销售了 150 万美元，而每年亏损达 60 万美元。更糟糕的是，它们占用了公司关键人员 1/3 的时间，这些人总是急匆匆地赶到日本大阪或联邦德国汉堡去"解决问题"，然而，他们从未在那里停留足够长的时间以取得任何成果。

他们采取的措施要么是推出"我们的信誉系列""我们的旗舰产品"，要么（相反）是通过折扣店销售"受欢迎的低价系列"，并"使我们成为大众市场的重要参与者之一"。但这两种尝试都失败了。

成长需要投入大量精力，尤其是管理方面的精力。成长要求公司聚焦于能产生成果的领域。同时，它要求公司愿意放弃那些只有付出但没有实际成果的领域，无论这些领域在公司最初进入时看起来多么有前途。

五

中小公司通常负担不起组建高层管理团队产生的费用。但在它已经成长起来之时，它就会需要高层管理团队。如果它想要成长，那么它最好确保提前相当长一段时间就培养未来将会需要的高层管理团队。成长型小公司的创建通常源自一两个人的想法。他们通常是有愿景、干劲、能力、勇气的企业家。但他们仍然只是人，因此有优点，也有弱点。

例如有这样一种公司，它是由一位具有丰富的产品想象力、极强的产品设计和开发才能以及突出的市场推广能力的人创办的。他基于自己的能力建立起一家迅速成长、高度成功的小公司。但这种人往往缺乏财务意识，倾向于做一名"独行侠"，情绪化且不善与人交往。

如果他认真尽责，那么几乎可以肯定，他会毁掉公司。他会迫使自己从事财务和其他工作，而他恰恰缺乏相应的能力。他把太多时间用于自己不擅长的事情，于是将会忽视擅长的事情。几年后，成长危机爆发，这种公司已丧失创始人所赋予的初始优势，通常会以倒闭告终。

同样常见的还有一种人，他对人员、财务或分销的问题置之不理，而专注于产品设计、开发、推广。三四年后，他的公司也将会陷入危机。尽管如此，这样的公司常常能够被挽救，起码它有合适的产品，这些产品在市场上也占据了合适的位置。然而，它仍有可能永远发育不良，而作为所有者的企业家可能将丧失对公司的控制，并在拯救公司的过程中被抛弃。

要实现成长，中小公司需要问："公司的关键活动是什么？"（在每家公司中，对人员和资金的管理始终都是关键活动，尽管关键活动从来不是仅有这两项。）接下来，公司的高层管理者必须问："哪些关键活动与高层中的某人相匹配？"然后问："对于当前的管理者不适合从事的关键活动，我们哪些同事有才能来承担，而且是在其当前的职责之外来承担？"

接着，这些人要被安排负责特定的关键活动，最好是不宣传、不改变其头衔，也不让其多拿一分钱。5 年后，当公司已经成长壮大时，应该就已拥有那时所需的高层管理团队了。要培养这样一个团队，需要 5 年左右的时间。如果不提前开始这项工作，那么公司将不能扩张或保持扩大后的规模。在成长必然带来的额外负担下，公司会垮掉。

要解决中小公司的成长危机，即使不是不可能的，也是非常困难的。但预防这种危机非常容易，且这么做至关重要。

（1977 年）

管理者的薪酬过高吗

根据税后的定值美元计算，过去30年美国企业管理者的收入一直在稳步下降。与此同时，高层管理者与所有其他员工（从普通员工到中层管理者）的税后实际收入差距一直在缩小而非扩大。

然而，几乎没人知道，也几乎没人相信这个事实。人们普遍认为，管理者的薪酬提高如此之快，以至于已经"过高"，并且美国企业中和美国经济体系中的收入不平等的程度正在扩大而非缩小。

造成这种普遍印象的第一个原因是通胀及其对累进税制下收入的影响。随着货币收入的增长，即使实际收入保持不变或下降，所得税税率也提高了。

1977年，一名美国普通产业工人的货币收入是10年前的2倍，加上额外福利，雇主付出的工资成本至少是10年前的2.5倍。但工人缴纳的税金至少是以前的3倍，尤其是许多地方在最高联邦税的基础上加征了州税和地方税。然而，这种棘轮式行动（ratchet action）并未影响收入高的人，即家庭收入在 10 万美元以上的人。他们缴纳的联邦税上限是劳动收入的 50%。

第二个原因是税收花招儿的广泛使用。为保护管理者免受"收税员的掠夺",企业利用了法律和律师创造的每种避税项目和税收漏洞。

股票期权只是一个例子。多数管理者都知道,对这些花招儿的解释纯属胡扯。我还没有遇到过一位真正相信股票期权可以充当激励因素或提高绩效的管理者。每个人都知道这纯粹是简单的避税。实际上,我曾旁听过某企业与其想聘用的管理者之间的讨论,讨论内容只涉及该管理者将得到的收入净额(税后),然后把正确设计"一揽子方案"的任务交给税务律师。

但诱惑难以抗拒。因此,管理者的薪酬方案中充斥着税收花招儿,以至于到了完全走样和丧失连贯性的地步。

其后果远非有益。尤其是在通胀时期,这些税收花招儿往往妨碍负责任的决策。即使在通胀初期,也就是 20 世纪 70 年代中前期,多数企业都知道公开的账目歪曲了经济现实。例如,它们知道账目显示出来的存货利润纯粹是由通胀带来的,或者显示出来的利润仅仅代表折旧不足。

然而,每当有人想要根据经济现实调整账目时,就会被叫停,以免干扰管理者股票期权的价值或他们的红利奖金。我曾经听到不止一位首席执行官说:"当然,我自己会这么做,但我不能对同事们这么做。"

从外部来看,其影响要恶劣得多。这些事情(理由充分地)塑造了管理者的贪婪形象,即他们牺牲了企业,肥了自己,并"剥削"了股东、员工与客户。

与此同时,税收花招儿不会奏效。我知道少数几家企业在拟定管理者的薪酬方案时,克服了"让经济理性服从避税"的诱惑(这几家企业只支付当期现金或递延现金,没有任何其他项),其管理者的情况并不比那些让税务律师发了财的企业里的管理者差。

哦，没错，股票期权在牛市期间表现出色。但在 10 年（如 1966～1976 年）的时间里，相比于那些在薪酬方案中巧妙利用了仁慈政府提供的每个税收漏洞的管理者，没有股票期权、虚拟股票⊖或任何其他复杂避税花招儿的管理者，可能表现得同样好。

最后但或许最重要的是，在极少数巨型企业中，很少有高层管理者真正获得巨额收入。少数人（1981 年注：可能不超过 30 人）的年税前"薪酬总额"达到了 100 万美元左右。更多人（虽然可能不超过 1000 人）的年税前薪酬总额达到了 50 万美元或更多——包括薪资、奖金、股票期权、退休保障、解雇费等。

从经济角度讲，这些为数不多的高额的管理者薪资无关紧要。从社会角度讲，它们造成了巨大的破坏。它们异常显眼，且被大肆宣传。因此它们被视为常见现象，而非极端例外。

这些为数不多的高额薪资被解释为"需要"按"市场价格"向管理者付薪。但这是无稽之谈。每位管理者都一清二楚，高额薪资是等级结构的内部逻辑使然。工人领班不得不获得 1.5 万美元（扣除附加福利）或 2 万美元（包含附加福利）。据信，工人领班之上每个层级的人员，都不得不至少比下一层级的人员多获得 40% 收入。如果有 30 个层级⊜，那么身居最高层的人不得不获得 50 万美元以上的收入，这并非由于其"市场价值"，而是由于若不这么做，工人领班就拿不到他的 1.5 万美元。

金钱是一种身份象征，表明了一位管理者在企业层级中的位置。而且，

⊖ 虚拟股票（phantom stock），授予管理者未来分红权利的非真实股票。——译者注
⊜ 原文如此，疑有误。——译者注

企业拥有的层级越多，身居最高层的人获得的收入就不得不越高。

这会给创造额外的管理层级的人带来好处。我不止一次见过这样的情形：某个分部的总经理通过"重组"其分部并把原先的三个层级变为五个层级，使自己的基本工资提高了50%。

然而，管理层级应该保持最少的数量。奖励管理者增加层级的重组方案对组织自身的健康是一种威胁。如果仅仅"是层级的逻辑所需"就可以证明高额薪资合理，那么也许需要减少层级数量。最起码，增加层级（高额薪资恰恰源于此）不应受到奖励。

需要做的事情显而易见。在通胀时期，企业需要主动采取措施消除或起码减少对中低收入者的税收棘轮效应（tax ratcheting）。最有意义的"税收改革"（顺便说一句，它也是工会将会支持企业进行的改革）就是根据通胀率调整所得税的税率。如果不这么做，那么劳动所得税（也就是对管理者收入所征的税）50%的上限几乎肯定会很快被废止。

因此，解除对中低收入者的税收惩罚，管理者可以从中获得直接的个人利益。这种改革也应是抑制通胀（通过消除政府借由通胀自动增加收入的动机）的一个有效方法。

最后，最激进但也是最必要的创新应是一项公开的企业政策，把所有企业管理者中的最高薪酬（税后，但包括所有附加福利）固定为最低收入的正式全职员工税后收入（包括附加福利）的一定倍数。

具体比值是多少并不重要，重要的是应该有这样一个比值。对小企业而言，这个比值可能是15：1，这意味着管理者的最高税后薪酬为15万～18万美元，或最高税前薪酬约为30万美元，这远高于中小企业通常所支付的薪酬。对大企业而言，管理者的最高税后净薪酬为25万～30万美元（也就是税前最高为 40 万～ 45 万美元），这代表比值为 25 ∶ 1，可以涵盖除极少数巨型企业外的所有大企业。

但即使比值为 30 ∶ 1（在 1977 年相当于含所有附加福利在内的税前薪酬为 60 万美元左右），也远远低于现在雇员、工会领导者、大学教授、报社记者及中层经理认为的比值。多数人认为是 50 ∶ 1，甚至 100 ∶ 1。25 ∶ 1 的比值并不平等，但是美国多数人（包括绝大多数普通工人）认为该比值处于适当和确实可取的范围内。

实际上，应该且必须存在例外。无论是保险公司的超级推销员，还是在实验室中取得 6 项具有高盈利性的突破性研究成果的科学家，这样的"明星"应该获得不受任何收入限制的报酬。

我还认为，对于任何做出远超"职责要求"的真正的非凡贡献之人，无论其职衔如何，都应该获得一笔巨额的额外奖励。每个组织都需要有相当于国会荣誉勋章⊖或维多利亚十字勋章⊜的东西。

对"管理者的薪酬过高"的抨击如果开始（我非常担心这很快就会到来），以及当这种抨击已经出现时，企业将抱怨公众对"经济无知"，并为公众"对企业的敌意"而哀叹。但企业只能怪自己。构建一个合理的管理者薪酬结构是企业的责任，也是其利益所在，这种薪酬结构要体现经济现实，也要能证实并系统化记录美国企业在 20 世纪取得的成就："大老板"和"工人"之间的收入差距在稳步缩小。

（1977 年）

⊖ 国会荣誉勋章（Congressional Medal of Honor），美军的最高荣誉奖章，由美国政府颁发。——译者注

⊜ 维多利亚十字勋章（Victoria Cross），英联邦国家的最高军事奖章，在英国通常由女王亲自颁发。——译者注

论管理者的强制退休

在最近（1978 年）规定私营部门员工的强制退休年龄延迟至 70 岁（且政府部门员工的强制退休年龄全部取消）的法律中，最明智且最需要的条款是允许强制 65 岁的高级管理者退休。

除非年长者腾出高层管理职位，否则下层人员无法晋升。在未来 10 年内，随着"婴儿潮"[⊖]时期出生的孩子步入中年，将有一大批三四十岁雄心勃勃的年轻管理者渴望晋升，并且有充分资格获得晋升。而且，有一种病痛是患者本人完全意识不到的，那就是衰老；对组织来说，高层出现衰老是最危险的退行性疾病[⊜]之一。

然而，由于该法律是成文的和普遍解释的，它将不是可被强制执行的，

⊖ 婴儿潮（baby boom），是指人口出生率显著上升的现象，第二次世界大战结束后，多个国家出现该现象。——译者注

⊜ 退行性疾病（degenerative diseases），由于年龄、生活方式等原因导致的组织或器官功能恶化。——译者注

也将不会被强制执行，并且强制执行也是不可取的。⊖一项既可实施又可取、完全在法律范围内的政策是，规定高级管理者在 65 岁时离任，但能够以非管理者身份继续工作到新规定的正常退休年龄 70 岁。这是美国最大的州（加利福尼亚州）现在的法律规定，其依据是 1977 年通过的一部退休法案。

但在美国的其他地区，我们很快将发现，当所有其他人都可以留任到 70 岁时，根本没法让高级管理者在 65 岁时退休。我们尚不清楚劳动人口中有多少人希望在 65 岁之后继续全职工作。但我们确实清楚，一个人在职业阶梯上攀升得越高，退休的意愿反而会急剧降低。

在地下工作了一辈子的煤矿工人通常会很高兴能够在远未达到 65 岁时退休。高级管理者几乎无一例外地害怕退休，医生和律师同样如此。医生和律师开始工作的时间更迟。从体力上看，高级管理者的工作不像多数蓝领的工作那样费力。这些人可能会谈及种种活动（诸如打猎、钓鱼、打高尔夫、阅读所有自己曾经错过的书籍等）带来的快乐。但他们通常难以忍受脱离工作的 6 周假期。因为他们的工作是其兴趣所在（不像煤矿工人的工作），实际上，往往会使他们全神贯注。

因此，尽管所有其他人都欢迎高级管理者在 65 岁时强制退休，但如果退休意味着被赶出工作场所，那么高级管理者本人会蓄意破坏这种做法。如果坚持要求高级管理者 65 岁退休，而允许甚至鼓励其他人留任，那么我们将越来越发现，最有能力且最有成就的人将拒绝晋升到要求在 65 岁退休的高级管理岗位。进而，我们将愈发只能指望二流人物任职于高级管理岗位。

就像当今的多数人一样，65 岁的高级管理者身心非常健康，这是一

⊖ 美国是普通法系，其司法体系主要采用判例法制度，遵循先例而非"成文法"判案。——译者注

种不能丢弃的宝贵资源。美国当前 65 岁的退休年龄是在 20 世纪中期确定的。从生物学角度看，现在 65 岁的人相当于那时 53 岁的人。他正处于巅峰状态。

尽管如此，人口压力可能使他有必要腾出自己的工作职位。唯一明智的政策是，让高级管理者在 65 岁时搬离行政套房，但继续以独立专业人员的身份工作，当然，前提是他愿意如此。

这可能听起来像是一项激进的创新。人们总认为"离任"是不能去做的事情，并且在这种情况下，"离任"显然意味着得到更少的报酬，掌握少得多的权力。但在某些公司，这已经成为标准做法，并且任何采用该做法的公司都没有出现问题。例如，西屋公司的高级管理者在 60 岁时放弃行政职责和头衔并成为"顾问"。

即将退休的管理者的养老金应基于他在过去 10 年或 12 年中收入最高的那 5 年，而非基于全职工作的最后 5 年，从而避免使其因更长的工作时间而遭受经济损失。

需要做的主要事情是，与管理者共同确定当他离开副总裁或总裁岗位后应该扮演的角色。这需要提前准备，经验表明，至少在实际离任日期前 6 个月开始准备，但很少在超过 1 年前就开始准备。（不要太早开始。只有在迫不得已的时候，人们才会准备好考虑"离任"问题。）

此人未来的角色需要在所谓的"职业延续"或"职业扩展"方面进行仔细的考虑。他真正擅长什么？他真正感兴趣的是什么？但也要问：公司最重要的需求是什么？

例如，营销副总裁可能是接管一项主要产品开发任务的合适人选，或者是研究、制定、检验、落实一项产品导入新政策的合适人选。或者他可能是带领若干创业型小项目的最佳人选，这些项目由大企业提供资金，并与作为所有者的企业家个人合作开展。企业国际部门 65 岁的财务主管，可能是在外汇管理和通胀会计方面为企业分布在全球的财务人员提供培训的理想人选。

某些任务可能要求全职参加，并且会持续数年时间。有些任务刚开始要求全职参加，然后需要的时间逐步减少。还有些任务从一开始就可以兼职参与。但所有任务都需要利用高级人员的技能、经验、身份，这些是他能够做出重大贡献之处。然而，这些任务使他远离了行政责任和管理责任及相应的负担、时限和压力。

想要开启"第二职业"的管理者（公司中有这种想法的人越来越多）最好早点开始。45 岁左右是一个人深入思考自己想从生活中得到什么并转行的最佳时机。那时养老金通常已经拿到手，并且孩子们已经长大成人；到那时，人们清楚了自己擅长什么，能做什么，喜欢做什么。成为一名职业董事（作为四五个董事会的兼职成员开展全职工作）是一种可能。经验丰富的董事越来越受欢迎。

但多数高级管理者都希望尽可能长时间地从事管理工作，也就是一直工作到 65 岁。一个人除非早点转行并且知道如何转，否则在 65 岁时再开启第二职业就有点老了。但这个年龄适合职业延续或职业扩展。

要确定某位 65 岁的管理者能做什么应该不难。但这通常需要有一位局外人，他不一定是心理学家或人事专家，但应该是不相关的人，且能够同这位管理者及公司进行自在且知心的交谈。局外人需要坦率地告诉这位管理者，他将不再担任现职；他将再次成为"普通上班族"中的一员，不能再要求公司的飞机"召之即来"，也不能再列席管理委员会甚至董事会。应该明确告诉他，他的替代选择是退休。

所有这些听起来像是"大公司的事情"。据我所知，事实上迄今为止只有大公司关心管理者在 65 岁时的职业扩展。但新的退休法律允许老年人在 65 岁时从管理职位上退休，这应该使中小公司更关注职业扩展。中小公司通常迫切需要吸引并留住有能力的年轻人，并且尤其迫切需要为年轻人腾出高级职位。但相比于大公司，中小公司通常更需要 65 岁高级管理者的能力、知识、技能、奉献精神，并且这些在中小公司中也更难被取代。

无论对个人还是对公司来说，让高级管理者在 65 岁时摆脱高层管理的负担都是明智的，但前提是我们将其作为一个机会，使高级管理者的优势和经过检验的绩效能力得以发挥，这不仅是为了他自己的利益，也是为了公司、社会、经济的利益。

（1978 年）

董事的真正职责

纽约证券交易所的交易规则要求，自 1978 年 6 月起，每家上市公司的董事会都要设立一个由独立董事组成的审计委员会。然而，仅有少数公司充分探讨了下述关键问题：这个委员会的责任是什么？应该如何开展工作？

实际上，总体而言，董事会的责任和工作在多数公司中很少受到关注。然而，越来越明显的是，这将是高层管理团队和董事们面临的一个核心问题和重大挑战。美国证券交易委员会[⊖]等监管机构越来越要求董事会承担更多责任，并要求提供能够证明它认真履行了这些责任的证据。在股东诉讼中，法院越来越要求董事会和董事们遵守非常高且严格的问责标准。董事会要想避免可能无法承受的责任，唯一的方法是深入思考自身的责任，并为履行这些责任而组织起来。

⊖ 美国证券交易委员会（SEC），美国联邦政府的独立机构，1934 年罗斯福总统根据《证券交易法》设立，负责执行相关法律，规范证券业以及全国股票和期权交易活动等。——译者注

　　法律仍称董事会为公司的"管理器官"（managing organ）。这个 19 世纪的提法已经完全站不住脚，没人认真对待它。根据加利福尼亚州对最近一项决定的释义，董事会是且必须是确保公司管理有序的机构。

　　因此，对董事会的第一项要求是，确保有一个胜任公司业务运营的高层管理团队。正常运作的董事会的第一项任务是坚持要求公司管理层为自身制定足够高的绩效标准。在多数公司中，除了传统的投资收益率标准外，还需要在四个领域制定绩效标准，即还需要根据资本配置的绩效、管理职位和其他关键职位人员决策的绩效、创新的绩效、战略计划的妥善性和可靠性来评判高层管理团队。

　　在上述每个领域，正常运作的董事会都应该要求高层管理团队详细说明预期，并在数年后根据这些预期衡量成果，从而对高层管理团队进行评判。

　　同样重要的在于，确保高层管理团队有合适的结构和成员，确保高层中不存在平庸之辈，是董事会的职责。如今，多数董事会只有在高层管理团队的运转出现严重问题时才会采取行动，这是不够的。

　　董事会还需要确保，高层管理团队已经深入思考了高层管理岗位的接班问题。董事们有责任确保高层管理团队和公司是适当地组织起来的。最终，董事会需要有适当的计划用以培养未来的经理人，并在把管理者安排到需要担责及制定决策的职位前对他们加以检验，尤其是在大型公司中。

　　董事会的工作是确保高层管理团队深入思考公司当前涉入的业务是什么，以及公司应该涉入的业务是什么。但同样重要且很少受到关注的是，为保持自身的精简和强健，公司不应涉入哪项或哪些业务，应该放弃或淡化的业务是什么，以及应该摆脱的业务是什么。

　　董事会不能制定公司的战略。制定公司的战略既需要全职开展工作，又要了解关于业务的内部知识，包括市场、产品、技术方面。但董事会的职责在于确保公司（尤其是大型上市公司）有合乎需要的战略，并确保公司会根据实际成果对这些战略加以检验。

要履行"确保公司管理有序"的责任，董事会必须要求高层管理团队深入思考资源的生产率并为其设定总体目标。毕竟，任何管理团队的首要职责都在于使资源富有成效，这是管理层成员获得薪酬的理由。董事会需要要求高层管理团队了解公司的资本生产率，并设定明确的总体目标以提高那些投入了大量资金之处（无论是工厂和设施，还是应收款项）的生产率。同样，公司需要为下述项目设立总体目标：人员的生产率，关键物质资源（如零售企业的货架空间）的生产率，（最重要的是）销售人员、工程师、研究人员或服务人员等群体的时间的生产率（这几类人的主要资源就是时间）。

最后，董事会有责任确保公司有处理关键外部关系（与政府、工会、普通公众的关系）的合乎需要的政策，并确保有关于法律责任和监管责任的适当政策。进而，董事会不得不要求公司在这些领域有适当的绩效标准，以衡量公司的实际成果。

正常运作的董事会的责任和工作安排可能还应该包括一个领域，即养老基金。养老基金将越来越成为公司收入的主要接受者。同时，养老金负债将日益成为美国公司最大的负债。通常，董事会将无能力也无意愿亲自管理养老基金。但它需要监督养老基金的管理，包括养老基金缴款是否足额以及养老基金管理的绩效。

此外，在每家公司中，都有一些特定事项是高层管理团队要呈报给董事会的，或者应该呈报给董事会的，包括关于收购或放弃某个产品线的决策、关于应对公司面临的任何诉讼的决策、关于长期研究计划的决策。任何董事会都会监督运营成果、公司的流动性，以及现在占用董事会时间和注意力的所有其他事务，几乎完全忽略了对管理的基本方面的关注。但是，在决定一家公司在前面提到的那些领域中是否确实管理有序，或者是否发生了偏离，董事会越来越需要深入思考自身的角色。它越来越需要确定自身的总体目标和具体目标，并且它需要深入思考谁应该为实现董事会的具体目标负责。

当前，有大量关于美国公司董事会成员资格的讨论。卡特政府时期的美国证券交易委员会主席哈罗德·威廉姆斯[⊖]本人也曾经是一位经验丰富的董事会成员，他强烈主张董事会的人员应完全独立于管理层（管理层中只有首席执行官可以成为董事会成员）。这种让向公司提供服务的人（如律师或承销商）加入董事会的传统做法遭到了强烈的批评。还有许多人质疑，曾经是公司管理层全职成员的退休管理者担任董事是否合适。同样，关于董事会是否需要配备专门的工作人员，也有越来越多的争论，例如公司的内部审计师应该向谁汇报——是高层管理团队还是董事会的审计委员会？（显然，答案是需要向两者汇报。）

除了当前的争论，董事会还有另一项主要任务：作为公司的代表处理与不同公众和支持者的关系，包括同少数族裔、女性、消费者、员工等的关系。

但董事会的第一项议程并不是成员资格问题。在能够明智地讨论如何配备人员之前，我们不得不先去了解董事会的工作和任务是什么。因此，第一项议程是董事的具体责任和履行这些责任所需要做的工作。

（1978 年）

⊖ 哈罗德·威廉姆斯（Harold Williams，1928—2017），1977～1981 年担任美国证券交易委员会主席。——译者注

信息爆炸

"未来的办公室"是否会成为现实？什么时候成为现实？它实际看起来将是什么样子？在很大程度上，对这些问题的回答仍是臆测。但基于微型处理器的信息技术所造成的主要影响，已经是可以预测的了，并且在某些情况下已经出现在我们身边了。

基于微型处理器的信息技术所造成的第一个影响可能是商务差旅的急剧减少。1950 年前后，很少有商界人士长途出差，除销售人员之外没人经常出差。但 20 年前喷气式飞机一出现，搭乘飞机去巴黎、里约热内卢或东京参加为期两天的会议就成了高级管理者的家常便饭，对他们的直接下属而言更是如此。

这是不是把事情做好或了解人们的最有效方式，尚有争议。但与远方的同事、合作伙伴和客户直接面对面接触，其收益大大超过了航空旅行的疲劳和成本，从而助长了人们过度频繁地进行航空旅行。

现在越来越多的人可以通过其他方式开会并"分享共同的经历"。无论彼此相距多远，管理者们将越来越能够"在同一个房间里开会"，面对面看着对方的眼睛，面对面彼此交谈，交换报告和图表，所有这些都不需要走出自己的办公室。几颗正在建造且有望在几年内开始运行的卫星将同时向地面接收站传输图片、声音及图形，这些地面接收站与企业用户连接在一起，由此能够模拟企业用户办公场所真实会议室的三维空间。

因此，管理者将不得不更仔细地考虑差旅目的，例如切实了解其他人可能总是需要真正而非模拟到场。但与此同时，管理者将不得不学会目前他们之中尚很少有人知道的事情：如何准备、组织、召开一场简短的会议，并进行会后跟进，目的既包括取得业绩也包括相互理解。

在过去25年左右的时间里，管理科学家和计算机专家始终在反复讨论总信息系统。现在硬件已经具备。大量的经理（尤其是大型公司的经理）已经在办公桌上安装了一台微型处理器，它把个人使用的小型计算机与公司的大型计算机系统终端连在一起，配有一个小显示屏，而且经常会配有打印机以输出可保存的备份文件。几年内，这将成为标准设备，就像办公桌上的电话或手持计算器一样，并且管理者的微型处理器很可能不会比现在的电话更大。

随着办公桌上的微型处理器的出现，经理面临着资料和数据超载的风险。实际上，关键问题将不是如何获得或处理信息，而是界定信息到底是什么。这项任务不能留给那种神话中的存在——"信息专家"。信息是经理的主要工具，甚至是经理的"资本"，并且经理正是必须决定需要什么信息以及如何使用这些信息的人。

关于信息在组织中的作用，经理们也将不得不处理一些关键问题，包括：谁应该获得什么信息？如何保护信息不受欺诈、产业间谍、窥探、流言蜚语的侵害？如何保护个人隐私？如何能把机密信息限制在有正当权利获得它的人员范围内，同时避免采取造成谣言、败坏道德的保密措施？

在过去的 100 年里，军队已经制定了有用的规则来处理这些问题。关于自己的工作和直接上司的工作，经理需要知道所有的信息。超出该范围的信息他可能会感兴趣，但相关性很低，基本上应该受到限制。迄今为止，除了在军队中，这项规则几乎从未转变为政策，甚至军队也做得远远不够。但如果缺少这样的政策，新的信息能力只会危及绩效和组织的精神面貌。

然而，新的信息技术对生产过程而非人类组织造成的影响最大。微型处理器正开始控制机器和工具的操作，在数控机床、医疗仪器、各种监测设备领域，以及越来越多地在飞机和汽车发动机领域，这套程序已经非常先进。

这种信息处理与生产机械的整合构成了第三次工业革命。第二次工业革命大约始于一个世纪前，当时机械首次与分马力电动机[⊖]直接结合。在那之前，动力（无论是水流、蒸汽机产生的动力，还是发电机产生的动力）不得不通过皮带或滑轮传送给机械，这意味着动力驱动的设备必须非常靠近动力源。极限距离是数百码[⊜]。

分马力电动机使中央发电站成为可能，也使现代工厂成为可能。它既灵活又经济。到 1920 年左右，传动皮带已经过时，现代工业生产出现了。10 年后，分马力电动机已经彻底改造了最古老的家用器具——缝纫机。到 1950 年，它已经与打字机、牙刷、切肉刀整合在一起。实际上，分马力电

⊖ 分马力电动机（fractional horsepower motors），一种额定输出功率小于 1 马力的电动机。——译者注

⊜ 1 码 =0.9144 米。

动机把繁重的体力工作从生产过程中移除了。

在第三次工业革命中，信息处理正在成为机械或工具的构成部分。第三次工业革命将使生产从体力工作转变为知识工作。在第二次工业革命前，有体力熟练工和体力工人。此后，半熟练的机械放料工和（最重要的）熟练的机械操作工的数量出现了最大的增长。未来 20 年内，重心可能转移到技术人员，其贡献更多地基于正规学校教育和理论而非学徒制训练和技能。

关于美国需要再工业化，需要恢复富有成效地、有竞争力地生产资本品[⊖]的能力的话题，当前有大量讨论。然而，要做到这些，将要求美国转向第三次工业革命，即转向在机械和工具中整合信息处理与生产。

只有这种整合才能使美国（实际上是所有工业发达国家）具有优势的唯一资源（即受过良好教育的人员）富有成效。从现在起，在所有发达国家，从事传统体力工作的（熟练的或非熟练的）年轻人将越来越短缺。发展中国家将有极为庞大的人口可以从事传统体力工作，他们将自愿或被迫以极低的工资工作，哪怕他们迅速提高了自己的生产率。在这样一个世界里，只有整合信息处理与生产才能维持并提高发达国家工人的生活水平。

因此，微型处理器将为工业经济提供巨大机遇。但它也将强加给商界人士和经济巨大的需求：对资本设备的需求，对生产组织中实质性变革的需求，最重要的是对从事工作的人进行管理的需求。

（1980 年）

　　⊖　资本品（capital goods），是指在生产过程中用于生产产品或服务的物品，例如机器设备。——译者注

学习外国的管理

"我们能从美国的管理中学到什么?"仅仅 10 年前,全世界都在思考这个问题。或许现在是问下述问题的时候了:"美国管理界能从其他资本主义国家那里学到什么? 尤其是能从西欧和日本的管理中学到什么?"因为现在西欧和日本在许多领域具有管理方面的优势,而我们过去常常认为美国在这些领域具有优势,甚至处于垄断地位。

第一,外国经理越来越要求员工承担责任,下至工厂基层技能最低的蓝领工人都包括在内。他们正在把 20 世纪在劳动力教育和劳动力技能方面取得的巨大进步用于实际工作。日本人以其"质量圈"和"持续学习"闻名。所有层次的员工定期(有时一周一次,更多时候是一个月两次)聚在一起讨论:"我们能做些什么来改进正在做的事情?"在联邦德国,技术娴熟的高级工人被称为"师傅",这样的人担任的是教师、助理、标准制定者,而非主管和上司。

第二,外国经理更仔细地深入思考了他们的福利政策。现在美国附加福利的范围和任何其他国家的同样广，也就是说，每 1 美元的现金工资中附加福利约占 40 美分。但美国的许多福利政策却并不能使员工个人受益。例如，在许多家庭中，即使一份保险单就足够了，但夫妻两人在工作中都需要缴纳全额的家庭健康保险费。再有，虽然在美国社会保障制度下的已婚职业女性可能永远看不到她们的钱被存入自己的账户中，但我们仍为她们支付全额社会保障费用。

相比之下，外国（尤其是日本和联邦德国）的管理层根据受惠者的需要安排福利。例如，日本管理层会为年轻未婚女性预留嫁妆钱，同时为 30 岁出头、刚组建家庭不久的年轻男性提供住房补贴。在英国，如果丈夫已经在他的工作单位为夫妻两人缴纳了保险费，已婚职业女性可以选择不参加很大一部分的养老保险。

第三，外国经理重视营销。在多数美国公司，营销仍然仅仅意味着系统地销售。当今的外国人已经充分领会了营销的真正含义：知道对客户来说价值是什么。

美国经理们可以向外国人学习，学习他们从市场角度而非相反角度看待产品、技术、战略。外国人越来越多地根据市场结构进行思考，努力为其产品界定具体的市场利基，并在设计业务时就考虑到营销战略。日本的汽车公司仅仅是一个例子。意大利北部的经营高端技术和高级时尚品的企业家十分关注市场，很少有公司能做到这一点。

美国人经常断言，日本和西欧公司把利润置于次要地位，这是不正确的。实际上，现在大量外国公司的总资产收益明显高于美国公司，尤其是在利润根据通胀因素调整后。但外国经理已经越来越懂得说："从市场想购买的东西上赚取适当利润，这就是我的工作。"总体来看，在美国我们仍然试图说："我们利润率最高的产品是什么？让我们试着销售这种产品，并且努力销售。"

顺便说一句，当外国经理说到"市场"时，他往往想到的是世界经济。实际上，很少有日本公司严重依赖出口。然而，即使自身的销售主要面向日本国内市场，也很少有日本公司不把世界经济作为营销的起点。

第四，外国管理层把营销和创新战略建立在系统化地、有目的地放弃那些老旧、过时、被淘汰之物的基础上。在我最近看到的主要外国公司（日本的、联邦德国的、法国的等）的每份商业计划中，第一个问题都不是"我们打算做的新业务是什么？"，而是"我们打算放弃的旧业务是什么？"。因此，创新、新产品、新市场等领域都可以获得资源。在太多美国公司中，最具生产性的资源却被用在保障昨日之物上。

第五，外国管理层使两个领域分开和独立，即适合用短期成果作为衡量标准的领域以及应该在更长时间范围内衡量成果的领域，后者包括创新、产品开发、产品导入、管理者开发等。在东京和大阪，季度损益如同在纽约和芝加哥一样受重视。由于银行在联邦德国公司的管理中扮演重要角色，所以相比于在美国，季度损益在法兰克福[⊖]可能更受重视。在美国之外的公司中，季度损益越来越多地被限定于涉及运营和短期成果的预算的 90% 左右。

另外一部分预算在总预算中的占比通常不超过几个百分点，面向的是那些要取得成果就不得不长期维持支出的领域。通过把短期运营预算与长期投资或机会预算分开，外国公司能够进行长期规划。它们可以控制长期开支，并获得长期活动和投资的成果。

第六，日本、联邦德国、法国大型公司的经理人将自己视为国家的重要人物和领导者，负责制定符合国家利益的适当政策。这方面有一个很好的例子。1980 年 1 月，日本最大的 40 家公司的首席执行官们来见我，与我讨论

⊖ 本书中提到的法兰克福均指美因河畔法兰克福。——译者注

该国应如何适应人口的变化。在日本，法定退休年龄仍然是 55 岁，而日本人的预期寿命已接近 80 岁。

领队说："我们不想和您讨论日本公司现在正在做的应该是什么。我们的议程是日本现在正在做的应该是什么，以及符合国家利益的最佳政策是什么。只有在我们深入思考了合适的国家政策，并界定和公开宣传了这些政策之后，我们才会考虑其对商业和对我们公司的影响。实际上，我们应该完全推迟讨论经济，直到我们明白什么是合适的社会政策以及什么是对日本人个体和对整个国家最有利的。除了日本大公司的负责人，还有谁能真正从各个方面看待这个问题呢？在人口结构面临如此巨大变化的时代，国家还能向谁寻求真正的指导和领导呢？"

如今，任何熟悉管理领域知识的美国管理者都会说："这有什么新鲜的？上面说的每一点，我在大约 30 年前就已经都知道了。"但这恰恰是关键所在。我们能从外国的管理中学到的不是"做什么"，而是"去做"。

上述每种做法都源自美国。30 年来，每位外国人都向我们学习，他们来美国是为了找到管理的方法。

旨在提高生产率和质量的"质量圈"被当今美国产业界吹捧为最新、最先进的"创新"，实际上是 20 世纪五六十年代由 3 位美国人（当时纽约大学的爱德华兹·戴明[⊖]和约瑟夫·朱兰[⊜]，以及通用电气公司的菲根堡姆[⊜]）传到

⊖ 爱德华兹·戴明（Edwards Deming，1900—1993），美国管理学家，他基于统计学提出了全面质量管理、持续改善、"十四要点"等理念，重新界定了质量、成本、生产能力和利润之间的关系。——译者注

⊜ 约瑟夫·朱兰（Joseph M. Juran，1904—2008），美国管理学家，提出了质量的"适用性"理念，将人性尺度纳入质量范畴，以"大质量"促使质量管理从最初的统计方法向经营管理方向拓展。——译者注

⊜ 菲根堡姆（A. V. Feigenbaum，1920—2014），美国质量控制专家，提出了全面质量控制理念，1958～1968 年担任通用电气公司制造运营总监。——译者注

日本去的。

联邦德国的"师傅制"有着古老的渊源，但其目前的形式可以追溯到
20 世纪 50 年代对 IBM 方式的大胆模仿，IBM 公司首先在美国，然后在欧
洲子公司，重构了一线主管的角色和工作，将其从领班转变为教师和助理。

在营销方面，日本人和联邦德国人践行了过去 30 年来每本美国营销教
科书一直宣扬的观点。短期预算和长期预算的区分可以追溯到 20 世纪 20 年
代的杜邦公司和通用汽车公司。实际上，这些做法中的每一项都可以在 40
年代末 50 年代初撰写的管理书籍（包括我的书）中找到。我们不需要学习
规则是什么，规则正是我们发明的。我们需要的是将之付诸实践。

（1980 年）

2

第二部分

经营的绩效

THE CHANGING WORLD
OF THE EXECUTIVE

企业经营绩效的衡量标准是什么？标准答案是盈亏。但如何真正衡量盈亏底线呢？人人都会谈到利润。对有些人而言，利润是管理者的"圣杯"，对有些人而言，利润是肮脏的字眼。但利润到底是什么呢？任何一家企业，包括其管理者、投资者、员工，如何知晓某家企业所报告的利润是良好的还是不够的？实际上，许多企业的管理层鼓吹的创纪录利润远远不足以涵盖真实存在的且可识别的成本：通胀造成的成本、维持经营的成本，以及已经产生但未来才会支付的成本。

　　本部分论述企业内的绩效。但大部分内容同样适用于非企业机构和非营利机构。因为这些机构的存在也是为了取得绩效。

利润的错觉

商界人士习惯性地抱怨公众的"经济无知",这是有充分理由的。在美国,对自由企业制度最大的威胁不是某个咄咄逼人的小群体"对企业的敌意",而是整个社会对该制度的结构和运作的普遍无知。

但是这些大声抱怨公众的"经济无知"的商界人士,其自身就是罪魁祸首。他们似乎对利润和盈利能力一无所知。他们彼此交流所说的话以及他们对公众所说的话既妨碍了商业行为,也妨碍了公众对经济的理解。

因为关于利润的本质性事实是,根本没有利润这回事。有的只是成本。

所谓"利润"以及企业账目中报告的这种东西,都是下述三种真实的且基本上可量化的成本:主要资源(即资本)的真实成本,所有经济活动面临的真正(很大程度上也是可量化的)风险和不确定性的必要保险费,未来的工作岗位和养老金的成本。唯一的例外,唯一真正的盈余,实际上是垄断利润,例如现在欧佩克卡特尔(the OPEC cartel)的石油的利润。

一

200 年来，所有经济学家都知道有三大生产要素，即三种必要的资源：劳动力、土地（也就是物质资源）和资本。在过去的 10 年中，所有人都应该已经认识到没有"免费的"资源。它们都有成本。事实上，经济学家在理解和接受真实的"资本成本"方面遥遥领先于多数商界人士。其中一些经济学家（例如经济顾问委员会⊖前成员，现已返回斯坦福大学任教的经济学家埃兹拉·所罗门）已经找到了若干巧妙的方法，用以确定资本成本，并衡量一家企业在挣回资本成本方面的绩效。

我们知道在第二次世界大战后，到 20 世纪 60 年代中期全球通胀爆发之前，所有的发达资本主义国家的资本成本略高于每年 10%。我们也知道很少有企业实际能够获得足够的收入来支付这些真实成本。但迄今为止，似乎只有少数企业知道有这样一种成本存在，知道自己能否承担该成本的企业似乎更少。即使是这些少数的企业也从不讨论该问题，且从不在公开账目中让自身的绩效接受这方面的检验。然而，无法挣回资本成本与不能支付工资或原材料成本一样，都是无法支付成本。

二

经济活动是为了实现对未来的预期而投入现有资源。因此，经济活动是用以应对风险和不确定性的一种投入：涉及产品、流程、设备的过时，涉及

⊖　经济顾问委员会（Council of Economic Advisers），美国联邦政府的下设机构，设立于 1946 年，隶属总统行政办公室，负责收集整理相关经济信息，向总统提供关于国内外经济政策的建议等。——译者注

市场、分销渠道、消费者价值的变化，也涉及经济、技术、社会的变迁。对未来的任何投入总会有事与愿违的可能性，人类并没有被赋予预知未来的能力。因此，可能性总是偏向损失而不是收益。在现在这样一个瞬息万变的时期，风险和不确定性肯定不是正在变小。

这些风险和不确定性都不能精确地确定。但在这些对未来的投入中，最低的风险能够以相当大的概率确定，而且确实可以量化。无论哪家进行过此类尝试的企业（例如施乐公司和 IBM 公司，它们都已在产品和技术方面进行了多年尝试），都有证据显示，这些风险远高于哪怕是保守型"商业计划"的设想。

长期以来，自然事件（例如火灾）的风险一直被视作正常的经营成本。如果一家企业未能为此类风险预留适当的保险费，那么人们就可以理所当然地认为它正在使其所持有的创造财富的资产处于危险之中。经济、技术、社会的风险和不确定性同样真实存在，均需足够的"保险费"——提供这种保险费，正是利润和盈利能力的作用所在。

因此，对任何管理层而言，恰当的问题不是"这项业务能获得的最大利润是多少？"，而是"为了应对未来的风险，这项业务所需的最小盈利能力是多少？"。如果一家企业达不到最小盈利能力的要求（在我所了解的多数企业中，这种情况都是存在的），那么这家企业就无法支付真实成本，将自身置于危险之中，并造成经济贫困。

三

利润也是未来的工作岗位和未来的养老金所需资金的来源。两者都是企业的成本，同样也是经济体系的成本。利润不是资本形成的唯一来源，私人储蓄当然也是一个来源。但无论是自留的还是支付出去（返回资本市场）的营业收入，都是用于未来工作岗位的资本形成的最大单一来源，也是用于未来养老金的资本形成的最大单一来源（最起码在美国是这样）。

对"经济进步"最令人满意的定义是，经济体系为每个新工作岗位投入更多资本的能力稳步提高，从而创造出能带来更好的生活、更高品质的工作与人生的新工作岗位。到 1965 年，即通胀导致越来越难以获得有意义的数据之前，美国经济中每个工作岗位的投资已经从 3.5 万美元提高到了 5 万美元。这种对岗位的投资要求将会急剧提高，因为最大的投资需求和机会存在于下述行业：能源、环境、交通、医疗保健，以及最重要的已经增长的食品生产。这些行业中每个工作岗位的资本投资都远高于消费品行业（过去 25 年中经济的主导行业）的均值。

与此同时，所需工作岗位的数量正在迅速增长，这是 1948～1960 年"婴儿潮"造成的。如果与人口统计数据保持一致，我们将必然每年增加 1% 的工作人口，或者说每年增加接近 100 万人，直到 20 世纪 80 年代初。同时，领取养老金的人数将增加（即使仅仅因为达到退休年龄的工作者寿命将变得更长），领取人的收入预期也会提高。任何没有创造足够资本（即足够收入）来为这种在工作岗位和养老金方面的扩张做充分准备的企业，既无法支付自身可预测的、可量化的成本，也不能承担起经济体系的成本。

这三种成本（资本成本、经济活动的风险溢价、未来的资本需求）在很大程度上是重合的。但任何企业都应该被期待有足够的能力承担其中最大的成本。否则其运营就处于真正的、确定的、可证明的亏损状态。

从上述基本前提可以得出三个结论。

1. 利润并不是资本主义特有的。利润是任何经济体系的先决条件。

2. 用当期收入与生产及分销的当期费用的差额支付的成本，同企业支付的工资或供应商货款一样是经济现实。由于企业账目要反映经济现实，所以这些成本应该显示出来。可以确定的是，它们不像会计师所谓的"做生意的成本"那样精确地已知或可知。但在或许不比多数成本核算、折旧数据更宽泛或更模糊的范围内，它们是已知和可知的，并且对管理一个企业并分析其绩效而言可能更重要。实际上，把管理者的奖金及其他激励措施与企业在获取收益足以抵补上述真实成本方面的绩效挂钩，而非与那些往往反映了财务杠杆和当前经济绩效的利润数据挂钩，或许不是一个糟糕的主意。

3. 最后，商界人士对自己和对社会都有责任强调，根本没有利润这回事。只有成本：做生意的成本与维持经营的成本，劳动力与原材料成本、资本成本，当前工作岗位的成本、未来工作岗位与未来养老金的成本。

利润与社会责任之间不存在冲突。赚足够的钱来支付真实成本（只有用所谓的利润才能支付）是一种经济和社会责任（实际上这是企业特有的经济和社会责任）。企业要赚到足够的利润以支付资本的真实成本、应对未来的风险、满足未来工作者和养老金领取人的需求，做到这些的企业不是"剥削"社会的企业。没有做到这些的才是"剥削"社会的企业。

（1975 年）

10 年繁荣的余波

在过去的 250 年中，每隔五六十年就会出现一个 10 年期，在这类 10 年期中，经济发达国家的商界人士、政治人物、经济学家会认为投机性增长将永远以指数速率持续，具体包括 1710～1720 年、1770 年前后、1830 年后、1870 年前后、1910 年前后（欧洲因第一次世界大战而中止，但美国一直持续到 1929 年），以及最近的 20 世纪 60 年代。

每个这样的时代都相信增长没有极限。但这种时代每次都以突然而剧烈的崩溃告终，且遗留下巨大的问题。

每次 10 年繁荣过后，零增长的预言就会流行。但除了两次世界大战相隔的那些年，在繁荣年代结束后，有力的经济增长要么在短暂停顿后继续进行，要么很快就重新开始。然而，投机时代的余波确实总会给经济带来实质性的结构变化。经济增长总是改变和转移到新的基础上。而且，对"经营管理"的需求总是变化得非常剧烈，以至于那些在高速扩张时期被认为是"明智的管理举措"也很快变得不合适……即使还算不上愚蠢的话。

可以清楚地看到，20 世纪 60 年代高歌猛进的余波正在造成若干变化。

一

资产负债表再次变得与损益表同等重要，而且可能更重要。资产流动性和现金流量正在取代市盈率，成为管理方面的目标。相比于每股收益，总资产收益可能成为一个更流行的标准，因为它肯定是一个更有意义的标准。

未来几年，资本投资而非消费将不得不成为经济增长的引擎。从第二次世界大战结束到 1970 年，全球繁荣很大程度上是由消费需求推动的。从现在起，经济增长的中心将是那些需要大量资本投资的领域：能源、环境、交通和已经增长的食品生产。

最重要的是，未来 10 年的巨大需求将是就业岗位，这需要进行巨额且稳步增加的资本投资。在美国，相比于五六十年代的任何年份，迈向 80 年代的每一年，我们都将不得不为劳动力大军的年轻加入者增加 30% ～ 50% 的就业岗位。直到 20 世纪 80 年代，始于 1960 ～ 1961 年的"生育低谷"才会对新求职者的数量造成影响，直到那时，劳动力增长带来的压力才会大幅减轻。

在发展中国家，创造新就业岗位的资本需求将会更大。20 世纪 50 年代末和 20 世纪 60 年代出生的婴儿不像先前世代的婴儿夭折得那么多，这些婴儿已经长大成人，且正在不断涌入劳动力市场。

与此同时，资本市场的结构正在发生变化。目前，美国资本供给的主要渠道是私人养老基金。即使没有通胀（实际上通胀已来势汹汹），私人养老基金也不得不扩大规模以满足 1974 年《雇员退休收入保障法案》[⊖]的要求。因此，我们正处于资本形成的主体从企业家转向受托人的过程中，其中，企业家的职责是投资未来，受托人的职责则始终是进行谨慎的投资——这往往意味着投资过去。

在每个发达国家，国民收入中越来越高的比例被用于政府的转移支付，这就把潜在的储蓄转变为了消费。政府赤字也有同样的效果。因此，除非出现一场严重而持久的萧条，否则可以预见，资本将供不应求，至少在 20 世纪 70 年代的剩余时间里会如此，并且很可能持续到 20 世纪 80 年代。

随着繁荣年代的过去，利率差异与流动性偏好之间的关系已发生了巨大变化，借贷和投资的规则也随之发生了变化。在 20 世纪 60 年代，利率差异很大，多数时间里短期银行贷款很便宜。如果考虑到通胀因素，即使过去几年中看起来非常高的利息费用，实际上也代表着零利率。相比之下，长期借贷相当昂贵。除了对当时股市的宠儿外，权益资本的成本变得极其高昂。

在银行资金充裕的这段时期，对有一定偿付能力的借款人来说，短期、公开的银行贷款几乎和长期债务一样可靠，而且便宜得多。因此，尽可能用短期和便宜的公开银行贷款为企业融资，同时努力提高在股市中的市盈率以获得成长股的赞誉，这是管理层的合理行为，或至少看起来如此。

在任何一个 10 年繁荣期间，经理们都倾向于相信"每股收益最大化"与"利润最大化"是一回事。他们往往彻底地忘记了一件事："利润最大化"本身不是目的，它只是使企业所需的资本成本最小化的一种手段。

在未来一段时期内，"每股收益最大化"可能在很大程度上变得不合适。

⊖ 《雇员退休收入保障法案》（ERISA），美国 1974 年实施的一项联邦法律，规定了私人养老金方案的最低标准。——译者注

所有资产的总收益最大化应该越来越成为正确的方式，并会对财务结构产生相当大的影响。如同在任何先前的繁荣时期一样，过去 10 年或 15 年时髦的举债经营模式在未来即使不是变得完全错误，也会变得值得怀疑。（1981 年注：如果说股市能预示什么的话，那就是这种变化。20 世纪 70 年代中期以来，世界上所有主要证券交易所的多数股价反映的都不是每股收益。股价往往反映的是资产流动性、现金流量、防御力（资产收益）。）

如果企业需要从利润规划转变为资产管理（对资产负债表的重视与对损益表的重视至少达到相同程度，就反映了这种转变），那么管理者的薪酬也必须改变。因为相比于短期的每股收益，现金流量和资产收益此时会成为更可靠的绩效衡量标准。股票期权变得不再合适，也确实不符合企业的需要和市场判断的需要，因为它奖励的是实现高市盈率的管理者，并且股票期权实际上往往会导致管理层为了短期收益和高股价而操纵业务。

二

在 20 世纪 60 年代，增长被奉若神明，并且任何增长都被认为是好的。在 20 世纪 70 年代中期，增长（任何增长）被广泛抨击为其本身就是恶的。但在未来，至少在 20 世纪 50 年代"婴儿潮"时期出生的婴儿被全部吸收入劳动力队伍前，甚至再过 40 年到他们退休前，大幅增长对于最低限度的经济和社会健康都将是必要的。从长远来看，在能源、环境、食品生产和食品生产能力、交通等方面需要的资本投资巨大，以至于大幅增长似乎比零增长更有可能出现。

但增长可能会改变方向，在每个繁荣时代过后，增长都会如此。因此，管理层将不得不具备管理业务增长的能力以及对增长予以评估的能力，而不是随股市的每次狂热或媒体的每次潮流而摇摆。

管理层需要知道的第一件事是，增长并非"值得拥有"的事物，而是一种必需品。一家企业需要知道增长的最低限额，低于这一限额，它将面临在市场上被边缘化的危险。如果市场增长了，那么这家企业也必须增长，否则它将不再有活力，并且长远来看将失去竞争力。

企业并非必须排在第一名。但在这样一个时代——一个小挫折就会迫使一个零售商人把他的家电库存削减至某两个、某三个或某四个畅销品牌，一家企业要想不被挤出市场，就不得不在市场上拥有足够稳固的领导地位。在一个不断增长的市场中，这就需要一个关于增长的总体目标，这一目标视增长为生存所需，也清楚增长需要以当前收益为代价进行承担风险的投资。

同样重要的是管理层区分"值得拥有"的增长和"不值得拥有"的增长的能力。"力量"和"肌肉"是增长。如果增长能够提高资本、关键物质资源、人力资源等创造财富的资源的总生产率，那么增长的就是"力量"。如果不能提高资源的生产率，那么增长的就是"脂肪"，它对企业造成的负担就如脂肪对人体造成的负担一样沉重。而且，如果牺牲了生产要素的生产率，那么增长（就如繁荣年代的增长）的就是恶性肿瘤，需要进行根治性手术。

三

近来人们越来越关注跨国公司。跨国公司不只是世界经济的一个表现，也是其主要结果，但一个真正的世界经济的出现所带来的真正影响还在未来。越来越多的企业，即使是局限于一个国家甚至一个地区市场的小企业，其管理层也将不得不学会把世界经济因素纳入他们的思考、规划和决策之中。

第二次世界大战结束以来，经济动力并非基于任何单个国家的经济。经济扩张的马达一直是世界经济。在过去的 25 年里，正是世界经济及其前进的冲力一次又一次地使各国的经济摆脱困境，并为人类历史上持续时间最长的经济进步提供了推动力。

然而，任何世界经济都会与主权原则发生直接冲突，而近 400 年来主权原则一直支配着政治，以至于我们多数人都认为它是不言自明的公理。有人声称一个经济单位和一块政治领土应该是重合的，这种主权主张首次被提出实际上是在 16 世纪后期。在当时这是一种令人震惊的异端邪说。

在过去的 30 年里（这是 400 年来的第一次），经济活动单位和政治控制单位再一次相互分离。经济单位已变得越来越大，直到可被称为一种世界经济。但在 20 世纪，政治领土已变得更小、更分裂，同时也更坚决地维护自己的主权。

1905 年挪威脱离瑞典以来，地图的每次变更都是先前政治单位的分裂，1914 年只有不到 40 个独立国家（其中一半以上位于美洲），现在已有接近 200 个拥有主权的民族国家。

在政治领域，目前尚未有民族国家的替代物；在经济领域，也没有世界经济的替代物。可以预测，未来 10 年将是动荡的 10 年，也是政府部门矛盾纠结的 10 年。政府想要在不放弃任何主权的情况下获得世界经济的收益。因此，经济学将日益与政治学对立。跨国公司很可能成为受害者。它正好被夹在中间。

但世界经济将会生存下来，即使它可能是一个更贫困、更破败且受到巨大限制的世界经济。民众不会失去对"全球购物中心"的愿景，也就是他们努力追求的商品、服务、价值的愿景。事实上，在经济领域，世界上也许没有什么独特的文化。只有更富的人和更穷的人，他们分别能够买得起较多的或较少的相同的产品和服务。这就意味着世界经济将继续为每个国家提供经济动力。

那么，关于世界经济，商界人士不得不了解的是什么？ 50 年前，商界人士经营着地区性企业。即使加利福尼亚州或新英格兰地区殷实的企业，也没有注意到它们必须对美国经济有更多的了解，并且它们对此几乎不予关注，直到 20 世纪 20 年代繁荣的后果迫使其从全国角度进行观察和思考。现在，我们可以做出以下合理的预测：商界人士将不得不学习用类似的方式了解世界经济。

四

关于任何一个投机 10 年的余波，最后一项思考是，在以往，每个这种 10 年都会产生一种新的主要经济理论。我们知道，我们需要一种新的经济理论，这种理论关注世界经济而非仅仅关注国家的经济。也就是说，我们需要一种理论，它超越了凯恩斯主义者对国家政府全知全能的神化，把国家的经济理解为更宏观的世界经济的构成部分。我们需要的理论要关注资本形成而非只关注收入分配。我们需要的理论要把资本、关键物质资源、人力资源，同资金、信贷、税收整合在一起。

现如今，在某个地方的某位经济学家应该能够很好地提出我们需要的新理论。至少在前几次 10 年繁荣后的时期，情况就是如此。但迄今为止，我们尚未看到这种新理论，也未看到同样迫切需要的、源自新理论的新经济政策。

（1975 年）

对资本生产率进行管理

100 年前的 1880 年左右，马克思提出了一个预言，即现在我们所称的"资本主义"或"自由企业制度"（这两个术语直到他去世后才被使用）不可避免地很快就会崩溃——这个预言是建立在资本收益递减"规律"的基础上的。

实际发生的却是，除了在最严重的萧条年代，一个世纪以来发达国家（确切地说，是市场经济发达国家）的资本生产率一直在提高。这是现代企业的主要成就之一，或许也是现代企业的其他成就所依赖的终极基础。在一定程度上，这项成就富有企业家精神：正如伟大的奥地利裔美籍经济学家约瑟夫·熊彼特在 70 年前有力证明的那样，资本从陈旧的、生产率迅速降低的投资领域稳步转移到新兴的、生产率更高的领域（如技术创新或社会创新领域），这是现代经济的真正的"自由资本"。

但资本生产率的稳步提高同样是管理行为的成果，是不断努力地提高给定的单位资本在企业中完成的生产性工作的数量的成果。商业银行业务就是一个例子，在这项业务中，现在一个单位资本为成交额所提供的资金是马克思时代的许多倍。

然而马克思的基本逻辑无可挑剔。如果资本生产率确实会不可阻挡地下降，那么基于市场配置资本的制度（即自由企业制度）就无法熬过数个短暂且危机四伏的10年。

因此，当今世界经济中最令人不安的事实可能是，20世纪60年代初以来发达国家资本生产率提高的长期趋势发生了逆转。下降趋势绝不仅存在于西方和日本等自由企业国家。在计划经济国家，尤其是在苏联，这种趋势甚至更明显，根据所有信息，那里已经非常低的工农业资本生产率在过去10～15年中一直在急剧地、近乎灾难性地下降。但对于身处市场经济中的我们来说，这种安慰没有任何意义。在苏联的这种由政治命令而非市场进行资本配置的经济制度中，低落且不断下降的资本生产率首先损害的仅仅是效率、生活水平、成本。在很长时间内这不会危及制度本身。

然而，过去100年的证据非常清楚地表明：资本生产率的下降趋势并非不可避免，也并非不可阻挡。资本生产率可以保持，甚至可以提高，只要商界人士持续地、有目的地致力于此。

事实上，致力于对资本生产率的管理是提高企业盈利能力最简单且往往最快的方法，也是影响力最大的方法。正如任何关于企业经济学的教科书在第一个章节所解释的那样，总资本收益率等于利润率乘以资本周转率（也就是资本生产率）。例如，假定利润率为6%，年资本周转1次，那么总资本收益率就是6%。如果年资本周转提高到1.2次，那么总资本收益率将提高到7.2%。

　　要将利润率提高 20% 往往极其困难，在激烈竞争的市场中或许是不可能的。但是将年资本周转从 1 次提高到 1.2 次往往只需要持续但常规的努力工作。实际上，基于在该领域多年的经验，我愿意做一个预测：这种程度的提高（也就是资本生产率可能在四五年内提高 20%）应该是任何愿意认真致力于此的企业都可以实现的。

　　然而，尽管资本生产率如此重要，能带来如此大的收益，但没有多少企业经理对资本生产率给予关注，更别提致力于系统地提高资本生产率了。在医院等公共服务机构中的管理者也同样未对资本生产率予以足够关注，即使在过去几年中公共服务机构资本生产率的下降比私营企业资本生产率的下降要急剧得多。

　　一个原因（或许是最重要的原因）是，经理们通常很少获得其所在企业在资本生产率方面的信息。当然，多数企业都知道自己全部资本的年周转次数。但企业在一项业务（比如一座造纸厂或一家百货商店）中全部资本的年度周转率是一个汇总数。企业无法管理一个汇总数。企业总是不得不对主要构成部分分别管理（因此首要之事就是要对它们进行衡量）。然而，很少有管理层知道其业务中资本的重要构成部分有哪些，遑论各构成部分的资本生产率是多少、能够是多少或应该是多少。

　　因此，对资本生产率进行管理的第一步是，确定自己企业的资本实际投向的主要领域。这些领域的数量超过几个的情况很少见。例如，在一家典型的制造型企业中，机械和设备，材料、供应品和成品的库存，应收款项，这些加在一起通常占投资总额的 3/4。一家典型的百货商店有货架空间（或销售空间）、应收款项和库存（为使其有意义且易于管理，零售业的库存往往不得不加以细分，如细分为服装、家居用品和家具、家电等）。每个领域中的动用资本完成了多少生产性工作？多长时间周转1次？收益或贡献是多少？然后管理层就可以问：这些资本能够产出多少？应该产出多少？为了实现这些，我们不得不做些什么？

管理层也需要学会对资本生产率进行管理的几条基本规则。

管理层可以通过两种方式提高资本生产率：可以让资本更努力地工作，也可以让它更聪明地工作。顺便说一下，这是资本生产率比其他两种主要资源（物质资源和人力资源）的生产率更易于管理的主要原因之一。人力资源的生产率通常只能通过使其更聪明地工作来提高，物质资源的生产率只能通过使其更努力地工作来提高。

把企业的库存战略性地置于区域仓库中，以便同样数量库存能够支撑更大的销量，这是使资本更努力地工作。控制产品组合以销售更大比例的高贡献产品或更小比例的低贡献产品，这是使资本更聪明地工作。管理层通常可以从两方面同时着手。但要提前预测哪种方法在给定情况下可能是合适的、生产率更高且风险更低的，这是很难的。对每一单项业务中的每个主要投资领域，管理层都需要对这两种方式进行透彻的思考。

固定资本和营运资本尽管都是资本，但需要采用不同的方式对其生产率进行管理。

多数商界人士都知道，对固定资产而言，没什么比非运作的时间更浪费了。然而，似乎很少有管理层认识到，标准成本会计模型假定（且不得不假定）：给定固定资产（无论是钢铁厂的机器、商店的单位销售空间，还是临床护理病床）以预先设定的标准连续生产。换句话说，标准成本会计模型既没有衡量也没有控制固定资产的单一最大成本——非生产时的资本成本。

类似地，即使成本和收入都因产品组合的不同而差异巨大（在固定资本投资的所有主要项目中，或许差异最大的是病床），成本会计仍不得不假定一个标准的产品组合。对多数固定投资而言，对非运作时间和产品组合进行管理是提高资本生产率的最有效的方式。然而要做到这一点，管理层首先不得不**了解**非运作时间有多少以及原因是什么，了解不同产品组合的经济意义，掌握会计模型分析数据以外的经济信息。然后，管理层就能够大幅改善对时间的利用。随之而来的是，固定资本生产率的大幅提高。

但营运资本需要用不同的方式进行衡量和管理。不同于固定资产，营运资本不是"生产性的"资本，而是"支持性的"资本。因此，管理层必须问：营运资本支持什么？应该支持什么？

应收款项（即企业向客户提供的信贷）是显著的例子。企业往往通过累积的未偿还贷款的比例来衡量其信贷管理。"我们的信贷工作一流，因为信贷损失低于 1%"，这是经常听到的说法。但制造商不从事银行业务，而且限于其资本成本，制造商也无法同银行竞争。制造商发放信贷是为了实现有利可图的销售。那么，一项关于市场创造、产品导入、销售、利润的信贷政策应该有什么具体目标呢？损失低只是一个约束条件而非总体目标或衡量标准。每家思考过该问题的企业都发现：①自己把大部分的信贷发放给了收益最少的领域；②同时，把最少的信贷发放给了收益最多的领域。对一家系统地利用应收款项中动用的资本的生产率的企业而言，将 2/3 的资金用于信贷，它能够预期自己在 3 ～ 4 年的时间内能为更多、更有利可图的销量提供资金。

最后，似乎很少有管理层知道，企业中有些重要领域通常不被认为是资本投资（当然也就不会作为资本出现在资产负债表上），但它们在经济上表现得非常像固定资本，所以它们必须被管理，最重要的，就是为了提高资本生产率而管理。在这些领域，时间是主要的成本要素，而在任何给定的时期内，其他成本是相对固定和缺乏弹性的。在所有的这种领域中，最重要的是销售人员（或医院中的护理人员）。这是"固定的人力资本"。在经济上，必须将其当作"固定资本"进行管理，没有任何限定性条件。

销售人员的销售能力存在巨大差异，即使再多的培训看起来都不能弥合这些差异，甚至连显著缩小差异都不行。但最能干的销售人员（或最有奉献精神的护士）所拥有的资源只有一种——时间。在销售人员用于拨打销售电话的时间与他们实际完成的销量之间存在一种非常恒定的关系。不能用于工作的时间是这些"固定的人力资产"主要的（尽管通常是完全不易觉察的）成本要素。而且，与所有固定资产的情况一样，这意味着管理层首先需要知道时间的生产率，尤其是多少本应用于工作的时间实际上没有用于工作或不能用于工作，以及原因是什么（例如，因为销售人员把 2/3 时间用于日常文书工作而非销售）。有时，只需很小的改变就可以带来生产率的大幅提高。例如，某些医院让一名楼层文员接手日常文书工作，使护士护理病人的时间增加了 1 倍，而护理病人是护士获得薪酬的理由和受训从事的工作，也是他们想要从事的工作。

我非常清楚，我把一个复杂问题过于简单化了。毕竟，生产率是所有三种生产要素（资本、物质资源、人力资源）的生产率结合在一起产生的成果。以降低其他两个要素的生产率为代价来提高资本生产率，或者以降低资本生产率为代价来提高（比如）人力资源的生产率（在过去的 25 年中有太多时候正是如此），两者是同样危险的。

最后，我深知，有相当数量的经理人和管理层（有小企业的，也有大企业的）在读了本文后会说："这有什么新鲜的？我们一直在做这些，甚至多得多的事情，天知道有多少年了。"但根据我的经验，即使在大型的、管理专业化的企业中，这样的管理层也只占极少数。多数企业甚至没有资本生产率的数据，没有这些数据就不能对其进行管理。

管理层因对生产率（尤其是资本生产率，所有其他的生产率归根结底都依赖于此）进行管理而获得薪酬，资本生产率是能够管理的，且**必须**得到管理。现在是绝大多数美国的企业经理们认识到并接受这些的时候了。

（1975 年）

六个持久的经济迷思

关于美国经济结构中正在发生的变化，现在有大量的讨论。但我们的政治论调和经济政策被关于该结构的迷思而非现实本身主导了。

特别是，有六个几乎人人都相信的这种迷思，但它们完全不符合美国经济的现实。

第一个迷思是一种信念，据我所知几乎所有经济学家都持有该信念：哪怕经济恢复"正常"，我们仍将持续多年面临高失业率。

这根本不符合我们的人口统计数据。最迟从 1980 年开始，我们将面临进入劳动力市场的年轻人数量急剧下降的局面，这是"生育低谷"造成的后果，此次低谷始于 1960 年，在很短时间内出生人口数量下降了 25% 甚至更多。与此同时，至少在未来 10 年内（1981 年注：也就是到 1990 年），达到退休年龄的人口数量仍将增加。

因此，除非发生全球性萧条，否则我们将面临劳动力供给长期减少的局面，至少直到 20 世纪 90 年代中期都会如此，而 20 世纪 90 年代中期是出生率逆转对劳动力规模产生影响的最早时间。福特总统在 1975 年的劳动节演说中引用了一个数字，即 1985 年将有 9500 万人必须有就业岗位。但如果总统假定在那一年出现官方公布的"充分就业"状态（或 4% 的失业率），那么 10 年后的 9500 万工作人口与根据 4% 而非 9% 失业率计算的 1975 年的工作人口相比，前者几乎不超过后者。总统为象征劳动力增长幅度而引用的这个数据，却表明劳动力没有丝毫增长。

由此带来的劳动力的减少不会在所有领域都被同等感受到。实际上，五六十年代劳动力最短缺的领域（教师岗位）将持续当前劳动力过剩的状态，原因还是过去 10 年的"生育低谷"。这或许可以解释为什么"专家"（他们全部或几乎全部是大学教师）预测劳动力将持续过剩，而非几乎必然出现的劳动力短缺这一现实。

第二个迷思也与人口统计数据密切相关，即我们可以通过重振汽车制造和住房建设这两个当今（1981 年注：1975 年）真正的萧条行业的消费需求来恢复高涨的经济活动。这种政府注资可能会在非常短暂的时间内奏效。但在更长的时间内，如三年左右，无论我们采取什么经济政策，这两个领域的需求都将处于低位且呈下降状态。需求将根本不在于此。

通用汽车公司在 20 世纪 20 年代开展基础研究，从那时到现在的 50 年来我们已经知道，在美国，决定新车需求的最重要的单一因素是达到领驾照年龄的人口数量。当然，这类达到领驾照年龄的人自己通常不会买新车。他们买旧车，而这使得旧车的前车主可以去买新车。大约从明年开始，这些旧车买家的数量将下降 25% 甚至更多，并且在可预见的未来将保持在低位。

与此类似，关于住房我们已经知道，与新住房需求最密切关联的不是

"家庭形成"——也就是已婚（或未结婚但承担家用开支）的男女人数，而是第二个孩子的出生数量。这个数量也在下降。在这种情况下，向房屋建筑业注资产生的所有效果就是推高房价，我认为，一直以来这就是政府所有住房政策的主要影响。

在美国，我们不缺住房。我们的住房存量可能太多了，当然，这些住房并非都位于人们所在的或想去的地方。我们需要一项政策，它使人们能够保持现有住房的价值。但是，目前的多数政策，从租金控制开始，一直到住房翻新贷款的极高利率，都产生了相反的效果，并且这些政策（有意或无意地）阻碍人们维修自己的住房，而鼓励他们购买或建造新房。这是行不通的。

第三个迷思是一种根深蒂固的信念，即我们（尤其是在美国）对产品实行"计划性报废"，尤其是对汽车。事实上我们一直在废弃且快速废弃的，是第一位车主。

根据行驶里程（唯一合理的标准）衡量，确切地说，汽车在美国的使用寿命比在任何其他国家的使用寿命都要长。实际上，在美国的体系下，人们在一两年后就会把新车换掉，这一体系在无意中代表了美国出现过的最有效的收入分配形式：因为第一位车主每英里⊖支付的费用大约是第三位车主的2倍（如果算上所有费用的话），这样就使较穷的人得到的车还具有良好性能，可以再开大约5万英里，其价格远低于第一位车主本质上为虚荣所支付的价格。

假定一辆新车的价格是4000美元（1981年注：这是1975年的价格！），第一位车主平均每年行驶1万英里，要为每英里支付$28\frac{1}{3}$美分，其中包括汽车价值的损失1200美元和每英里的行驶费用$13\frac{1}{3}$美分。第二位车主支付

⊖　1英里 = 1.609 344千米。

2500 美元（卖车人通常会有轻微损失），并把汽车保留 3 年，每英里要支付 20 美分（包括汽车价值的损失 2000 美元，修理费 500 美元，以及每英里的行驶费用 13⅓ 美分）。第三位也是最后一位车主，可能会花 700 美元购车，行驶 5 万英里，之后这部汽车就没价值了，他每英里要支付 16 美分。

比这更公平的收入分配形式从未被设计出来。汽车本身不会被废弃，相反，它一直在行驶。

第四个迷思是当今几乎所有经济学家根深蒂固的基本信念，即在美国经济中或在任何其他发达国家的经济中存在过度储蓄倾向。

这在很大程度上是下述信念的结果：购买住房、缴纳社保或为雇员退休基金供款，这些都是储蓄。但实际上它们是转移支付。关于储蓄，唯一可行的定义是"可用于创造就业岗位的资金"。购买住房在最低程度上做到了这一点，缴纳社保则完全没有。私人养老基金将为未来一些年积累资本（除非受到不负责任和无能之人的冲击，例如在最近的工会形势中表现出来的那样）。但随后员工的养老金供款数额将开始与养老金支取的数额相等。

因此美国的储蓄是严重"不足"的。我们需要深入思考如何刺激真正的储蓄，也就是如何形成可投向生产性资产的可用资本（顺便说一下，住宅不是生产性资产，而是一种耐用消费品）。

第五个迷思是认为企业所得税是对"富人"和"大亨"征税的普遍信念。但由于养老基金拥有美国大型企业 30% 的股份（且很快将达到 50%），企业所得税实际上减轻了高收入阶层的负担，而不利于养老基金的受益人。在许多情况下，这意味着退休工人的实际税负接近 50%，相比之下他本应承担的实际税负是 15% 甚至更低。企业所得税已成为我们税制中最具累退性的税种，并且是对工薪阶层和工资征税。淘汰该税种或许会是美国朝着更高程度的收入平等迈出的最大一步。

第六个迷思是人人都相信并反复引用的非常虚假的数据，即收入最高的那 5% 的人（年收入超过 3 万或 4 万美元的人）拥有美国"个人"财富的40%。当然，随着"收入分配"的旧数字不再支持那些告诉我们"美国社会的不平等有多么糟糕"的人，这个迷思变得尤为流行。

当然，关键在于"个人"这个词。因为典型的美国中产阶级和工薪阶级家庭最大的一笔资产，即未来对雇主养老基金的或有求偿权，并非个人财富。它也不是财产。但它确实是一项资产，并且越来越比家庭住房或汽车的价值高得多。如果它被包括在内（从可能性和统计角度看这也不难做到），那么美国的财富分配会显示出一种显著的、逐步发展的平等趋势，在这当中，年龄而非收入是造成不平等的因素。

这种根据养老基金或有求偿权的调整表明，那 5% 的收入最高的人可能并不拥有美国财富的 40%，而仅仅拥有 10%。此外，把养老金预期转化为今天的价值，未来养老金求偿权总额的约 60% 由工资等级位于 9000 ～ 20 000美元的人持有。这是迄今为止他们最大的资产。然而可悲的是，它是一项正被通胀的影响迅速摧毁的资产。

这些迷思并非无害。它们导致了"对富人课以重税"的立法，而实际上这种立法会接着"对穷人课以重税"，即对前工人的养老金课以重税。它们导致了"反衰退"政策的颁布实施，这主要引发了通胀，却没有刺激消费或就业。而且，这些迷思妨碍了政府采取正确的措施，即促进资本形成的措施。实际上，除非我们抛弃这些迷思并正视经济现实，否则就不能指望出台有效的经济政策。

（1975 年）

第13章 | CHAPTER 13

衡量经营的绩效

分析师、投资者、企业经理的绩效不佳，一个基本原因在于他们用来确定企业运作得如何的标准——"每股收益"。

一家企业的经营绩效意味着富有成效地运用资本，而衡量经营绩效的合适标准只有一个，那就是所有动用的资产或所有投入的资本的收益（两者有所不同，但区别不大）。资产是来自外部还是内部，这没有区别。留存收益与银行贷款或新股本同样是资金。一家企业若没有赚到内部所有资金的现时资本成本，无论每股收益是多少，它都不能支付其真实成本，并且存在收益亏空。

资产收益必须将所有满足资本需求的可用资金作为其构成的一部分。这不仅包括可用于支付股息的利润，也包括所有债务的利息费用。根据企业的会计实务，它包括不计入每股收益的折旧，但不含通常计入每股收益的存货利润。

这些是在经济上合理的措施。根据这些标准，如果投资流向收益高的企业，那么经济上的绩效将得到优化。这些措施的经济调节功能通常是交给"利润"来完成的。

那么，企业及其会计师定期公布且大力宣传的"每股收益"是什么呢？传统的"每股收益"数字不仅没有衡量企业的绩效，而且很少衡量真正的"每股收益"。这个术语是一个误称。它真正代表的是"应税收益"。它是扣除了收税员认可在税前扣减的所有金额后所剩下的部分。但这纯粹是一个武断的数字，与经济绩效几乎没有或根本没有关系。

报告呈现的"每股收益"实际上从不是人们认为的那样，即从不是"股东可获得的收益"。假如"每股收益"是股东可获得的收益，那么企业就能够且会以股息形式分配大部分或全部收益，实际上没有企业这么做。因此，要真正了解某企业的权益资本实际赚了多少，就不得不先去纠正报告上的那些资本费用数字，这些数字虽然是真正的成本，但收税员不认为可减免课税，因此被纳入报告上的"每股收益"中。纠正数字需要从资产收益或总动用资本收益开始。只有这个数字显示了在收税员认可的资本费用之外，企业还承担了哪些资本费用。

这种真正的资本费用有四项，即使被纳入报告上的收益数字中，每项也都是一种真正的成本。第一项是根据未来的**现金需求**所衡量的收入不足，顺便说一下，这是分析师唯一要多加关注的领域。一家企业如果不能用收入来满足运营方面可预见的现金需求，包括偿还债务的现金需求，那么就是赚得不够。

第二项，一家企业必须赚到内部所有资金的**现时资本成本**。例如，某企业显示出高"每股收益"，原因是它还在享受着以往较低利率带来的好处，那么它就正在把资本消耗用尽却还将其报告为收益。这种企业无法在不降低收益的情况下筹集资金。但迟早（往往很快），低成本资本不得不被替换，到那时，现时资本成本就不得不支付了。以往由于资金成本较低而产生的所得应该计入储备金而非计入收益。它不能真正反映企业的盈利能力。

第三项调整是应对已知、可预见**风险**的准备金。这是一项真正的成本，就像任何保险费一样。最常见的是周期性风险。它是一种已知的、可预见的风险，且发生的可能性很高。因此除非经过周期性调整，否则一年的收益本身就具有误导性，任何一个月或一个季度的数字也是如此。收益之所以需要加以调整，还因为存在另一项典型的风险，即经历一个快速增长期后，会存在很高的过度曝光和脆弱性风险。谨慎的假设是，在这样的一个增长期后，即使轻微的挫折也会使销售下降到某个水平，即假定这家企业或这个行业在此增长期内的增长率是介于实际的最低年增长率和平均年增长率之间的某个值，依此计算对应的销售。这种方案尽管不是很科学，但非常符合实际经验，比如 20 世纪 60 年代和 20 世纪 70 年代初活动房屋产业的经验。接下来，考虑增长带来的风险，以便对企业或产业绩效进行可靠的衡量，在此基础上，就可以把收益调整为最可能的长期数字了。

第四项，需要调整"每股收益"数字从而对已知的、可预见的企业需求承担责任。其中第一项需求是为所需的增长做准备，从而在不断扩张的市场中维持企业的市场地位或在不断扩张、不断变化的技术领域维持企业的领先地位。没有做到这一点的企业，它的生存就会受到威胁。第二项需求是保护资本免受通胀的破坏。折旧当然不得不根据通胀而非基于历史成本加以调整。

75 年前所有这些就已经为人所知了。伯纳德·巴鲁克[一]在被问及如何解释自己作为 20 世纪初期华尔街最厉害的、最大胆的投机者的业绩时，曾经说过一句著名的话："我从不听证券分析师的，我听信贷分析师的。"50 年前，杜邦公司将这种知识整理到了其著名的"投资收益率"表中，并据此来安排杜邦公司的管理。

但关于收益、资本成本、衡量经济绩效的权威工作，是在过去的 30 年里由整整一代的企业经济学家完成的。

这项工作使我们知道了"动用资产"或"投入资本"的意思恰恰是其字面的意思。这些资金已被用于建筑物还是应收款项是无关紧要的。资金有不同的用途，但其本身没有不同。这些资金是普通股股本还是贷款也没有区别，投入的资金是"我们自己的"而不是从外部筹集的也没有影响。但如果留存收益以低于外部资本完全成本费率的收益率进行投资，那么收益能力尤其是"每股收益"就会受到严重损害，而且很快就会受到损害。

进一步，我们知道了"资本收益"或"资产收益"应包括什么。由于旨在衡量企业的经济绩效，所有可用于支付资本费用的资金都是"收益"的构成部分。这包括所有债务的利息费用、折旧（从经济角度讲，折旧本质上是免税的收益）以及传统上认为的"权益资本收益"。然而，它排除了不反映企业收益能力的利润。存货损失是真正的亏损。但存货利润不属于"资产收益"或"动用资本收益"。对企业而言，偶然的一次性所得，如出售一家工厂的所得，也不是"动用资本收益"的构成部分，除非该企业以买卖工厂为业。

　　○　伯纳德·巴鲁克（Bernard Baruch, 1870—1965），美国金融家、政治人物，曾在两次世界大战期间积极为威尔逊总统和罗斯福总统出谋划策。——译者注

　　所有资产的收益或所有资本投资的收益并非衡量企业绩效的唯一可用标准。实际上，每家企业都很可能使用第二项标准。例如，在一家制造型企业中，"制造过程增加值"收益（也就是销售货物的收入同支付供应品和材料的资金之间的差额）是一个重要的衡量标准。这是一个非常灵敏的"前导指标"[⊖]，在投资的总资本收益或动用资产收益显著变化前就会出现波动。对一家零售企业而言，销售空间收益同样是衡量绩效的一个重要指标。

　　但这些额外的衡量标准不得不适应各企业的具体情况。"增加值"标准仅仅对真正从事制造业务的企业有意义。而且，这一标准通常仅仅可为企业内部利用，很少能为外部所用。

　　尽管许多企业管理者怀疑"每股收益"作为经营绩效衡量标准的准确性，但他们往往说："我们还有什么选择呢？无论是否有意义，市场采用的就是这项标准。"但这充其量只有一半的道理。"市盈率"的巨大差异就是证明。主要原因是，股市评估股票价值往往主要基于对总收益的粗略估计而非广为宣传的、引人注目的"每股收益"。尽管股市愚蠢、有弱点、追求时髦，但比"专家"合理得多，至少在任何较长时期内都是如此。

　　这方面最典型的例子是 20 世纪 60 年代末收购狂潮期间的股价。大量"企业集团"都在玩"每股收益"的游戏，在筹划收购企业时，即使总收益没有上升且往往是下降的，他们也以某种方式来展现"每股收益"的增长。那些向其出售企业换来证券（这种证券最终被证明犹如"假钞"）的人最终都损失惨重——除非他们立刻卖掉所获得的证券。股市根据实际的资本收益迅速调整股价，而非根据报告上的每股收益来调整。

　　⊖　前导指标（leading indicator），又译为领先指标，是对经济趋势进行前瞻性预测的指标。——译者注

因此有一种老式信念认为，股价反映了未来股息的贴现价值，即实际可供分配的未来收益的现值。

只要稍微花点功夫和心思，就有可能以足够的概率确定上市企业的收益绩效。但要求企业自己提供必要信息可能不是一个坏主意。对"充分披露"的要求越来越聚焦一家企业的经济前景和经济绩效，也就是从委托给它的资源中实际创造了多少财富。

这方面的关键数字是同现金需求、资本成本、风险与需求等相关的所有资产收益或动用资本收益。这一数字，而非毫无意义的"每股收益"，是公众、美国证券交易委员会、分析师，尤其是股东所应该期望甚至可以要求从企业公布的账目和年度报表中得到的。

另外，正是这一数字应该为经营绩效与管理者薪酬建立关联。把管理者薪酬与企业绩效（但最好是真实的绩效）联系起来是正当的、值得做的。把薪酬与报告上的"每股收益"挂钩会使绩效服从表象，甚至可能会奖励那些榨取钱财而非打造企业的管理者。

（1976年）

为什么消费者行事不合理

除了消费者自己，人人都知道消费者应如何行事。

例如，人人都知道，只要有一点经济困难的迹象，消费者首先会削减外出就餐的次数。我们现在（即 1976 年）已经历了 2 年甚至 3 年相当严重的经济动荡（无论你称之为"严重衰退"还是"轻度萧条"），然而消费者对预制食品的购买量却一直在直线上升，形式可能是在麦当劳或肯德基这种便利食品店点餐，也可能是购买已准备好只待加热上桌的正餐。事实上，大量食品行业的人预测，到 1985 年，美国人每隔一餐（包括早餐）就会购买一次完全预制好的饭菜，在餐厅、免下车餐馆或家里用餐。

同样，人人都知道，经济衰退期间对昂贵大住房的需求会急剧下降，而对小住房的需求会急剧上升。但当房屋建筑业对此做出回应，推出价格相对较低、各类设施也和 20 世纪 50 年代中期标准住房差不多的所谓"基本住房"时，却无人问津。

几乎一样的事情也出现在汽车行业中。50年来，通用汽车公司已经预测了汽车市场的每次营销转折，但除了这次。这次通用汽车公司预测消费者会转向小型汽车——鉴于就业和收入急剧下降，鉴于汽油价格飙升导致的汽车运转成本相应急剧上升，这是唯一合理的预期。但公众购买的却是大型汽车。今年（即1976年）的"热门汽车"是一款售价15 000美元的新型"中等价位"凯迪拉克。

乘坐航空公司定期航班的商务差旅确实会随经济衰退而急剧减少，并随经济复苏而相应急剧回升。但整体的航空旅行并未表现出这种"适当的"行为。各类包机旅行一直非常稳定地增长。它显示出高度的价格敏感性，因为国外美元价值的波动会直接导致包机目的地的变化。但对包价旅行的总需求一直非常旺盛。

这些仅仅是若干实例。多个日用消费品行业报告了类似的"异常"行为。除了我们期望看到的模式根本不是主导模式这一点，似乎没有模式可循。在某些类别的支出方面，消费者的支出显然比他们"应该"花费的要少得多；在其他方面，消费者的支出比他们"应该"花费的则多得多；并且在某些方面，消费者恰恰是按照营销理论和民间传说所期望的那样进行花费的。

上述消费者"异常"行为的例子可能纯属巧合。它们都可以被解释得通。并且据我所知，这就是多数商界人士对令其吃惊的消费者行为的反应。

某些深思熟虑的商界人士给出的一种解释是，这种行为表明了"滞胀"，即公众对经济陷入停滞同时遭受严重通胀的反应。这种解释不能被立即排除。有迹象表明，持续的通胀预期在消费者行为中发挥了一定作用，甚至可能是重要作用。例如，这种预期可以解释豪华住宅的高度繁荣，以及顶级珠宝与"真正一流"的艺术品价格的持续上涨。购买这些东西的人，同那些传统上会购买普通股"对冲通胀"的人以及出于相同原因购买黄金的人，是同一类人。

然而，也有大量可观察到的行为是无法用滞胀解释的。例如，滞胀不能解释为什么标准的日用消费品（人们通常购买的商品）零售如此低迷，尤其是在 1975 年和 1976 年。

在人们不相信货币的购买力并预期价格会稳步上涨的时期，日用消费品销售应该非常快速地增长。与此类似，1975 年和 1976 年的高储蓄率与滞胀难以兼容；同样难以兼容的是大量资金流入储蓄机构，尽管那时利率在下降。

因此，需要考虑另一种解释：美国消费市场正出现一种新的市场细分。这是有证据的。实际上，三个群体正逐渐成为主导市场的力量。传统营销理论没有将他们考虑在内，他们的行为表现不同于标准模型，只是因为其面临截然不同的经济现实。

第一个群体是老年人，尤其是退休的人。按百分比计算，这是美国人口中增长最快的群体。该群体现在大约有 3000 万人，而美国的劳动人口为 9400 万。再过几年，这个群体将增长至 4000 万人，而美国的劳动人口将仅增长至 1 亿人。

退休的人受失业影响不大。他们在很大程度上因受社会保障制度的保护而免受通胀影响，并且私人养老金计划会日益升级以跟上通胀和生活成本上升的步伐。与普遍的看法相反，老年人并非都是穷人，也不都是低收入者。

因此，退休人员不仅仅是助听器或轮椅的消费者。他们首先是休闲度假类产品的消费者，因为他们有足够的时间。他们是露营车的消费者。他们也是预制食品的忠实消费者，部分原因在于，去炸鸡店是打发无聊时光的一种方式。在当今的 3000 万老年人中，或许有 1000 万～1500 万是穷人或至少是低收入者。但还有另外 1500 万"富足"但非富裕的老年人。未来,当老年人口达到 4000 万时,其中的富足消费群体可能会有 2500 万人左右,这确实是一个巨大的细分市场。

第二个新群体可能是年轻成年人。按实际数量计算,其增长速度超过退休人员,尽管百分比的增长速度略慢。在这些年轻成年人(即现在正大批进入劳动力队伍的人)中,50% 左右曾在高中毕业后继续接受更高的教育。人们听过许多关于博士找不到工作去开出租车的可怕故事。但实际上,受过较高教育的年轻成年人失业率低且收入高。尽管毕业生人数庞大,但年轻成年人的起薪丝毫没有下降。

这个群体似乎受通胀预期的影响严重。他们的储蓄率低,并且作为"购买者"的他们正明显转向"高价"商品。例如,尽管与收入不相匹配,他们还是会购买昂贵的住房,享受昂贵的滑雪旅行,并拥有自己的小艇。

第三个群体是已婚职业女性群体,这可能是最重要的"新"群体。在美国,一半的已婚女性都有工作。也正是在这个群体中,工作人口和收入可能出现最大的额外增长,这是唯一有大量可雇用的人员储备的群体。

丈夫仍被视为养家糊口的人,其收入用于家庭正常开支。妻子的收入平均约为丈夫收入的 60%,用于"额外"开支。她的钱成了余钱,可为更大的住房、豪华汽车、昂贵假期提供资金。但以丈夫收入为基础的家庭开支模式仍对消费者信心很敏感,也对工作保障和收入的预期很敏感。双职工家庭的一般预算受妻子收入的影响不大,妻子的收入被视为"额外"收入,用于"额外"购物。

第一次世界大战以来,美国市场发生过两次深刻变化。在 20 世纪 20 年代初,美国的大众市场形成了,艾尔弗雷德·斯隆(Alfred Sloan)是最早认识到这一点的人之一，他在通用汽车公司根据收入群体不同进行了市场细分。后来，在 1950 年前后，根据"生活方式"划分的细分市场形成，在决定消费模式方面，教育、孩子的年龄和数量、家庭位置等因素变得与收入同等重要，甚至更重要。

现在，我们可能正在见证一场基于人口动态的新的市场细分。老年人、年轻成年人、已婚职业女性可能都成了主要的消费者群体，这将导致营销人员改写关于消费者该如何行事的规则。这些群体"合理地"行事。但对一个细分市场而言是合理的（也就是充分利用自身的经济条件），对另一个群体而言可能毫无意义。

当然，预测美国社会中的结构性经济变化是有风险的。很有可能的是，过去几年中令人费解的消费者行为在未来几年将被视为无关紧要的巧合。但也有一种可能，即消费者行为正发生某些根本性变化。最起码，这值得仔细观察。

（1976 年）

第 15 章 | CHAPTER 15

良性增长与不良增长

几乎每家企业都渴望增长。多数企业都宣称它们将会增长。但只有少数企业有一项增长政策，更别提增长战略了。知道自己是真的在增长，还是仅仅在变胖的，就更少了。

然而，增长不会因企业的渴望而实现。企业增长本身不一定有什么好处。企业变得更大不必然会变得更好，正如大象比蜜蜂大不一定就更好一样。企业的规模不得不适合于它的市场、它的经济、它的技术，凡是基于生产性资源生产最适产量的规模，就是合适的规模。

但企业往往规模不当，无论多么大或多么小，只要在市场中处于边缘位置就是规模不当。波士顿咨询集团现在流行的理论断言，"市场领导者享有不成比例的盈利能力"，这并不适用于每个产业和每个市场。例如，图书出版业就是一个明显的例外。

但边缘企业无论规模多大，都不成比例地缺乏盈利能力，甚至更危险的是，随着商业周期的每次转折，边缘企业往往越来越落后。任何企业都不能承受由于缺乏足够的增长而下滑到边缘位置的后果，克莱斯勒公司在世界汽车市场上就陷入了这种境地。

因此，在一项增长政策中首先要询问的不是"我们想要多少增长？"，而是"随着市场的增长，我们需要多少增长才能不被边缘化？"。答案绝非简单明了，并且总是充满争议。这既取决于管理层如何界定企业的市场，也取决于产业结构。在一个产业中处于合适地位（甚至是领导地位），在其他产业中可能处于边缘位置。而且，当市场规模和适用技术发生变化时，市场定义和产业结构也往往会随之变化，且变化会非常迅速且剧烈。

不过，除非企业知道自己总体的最低增长目标，否则它就没有增长政策。而且，在知道自己总体的最低增长目标前，企业很可能也不会有多少真正的增长。

企业紧接着需要深入思考自己的增长战略。在一项增长战略中，第一步不是决定在何处增长和如何增长，而是要决定放弃什么。为了实现增长，企业必须有一套系统化的政策来摆脱陈旧的、过时的、没有成效的事项。一项增长战略的根基是为新机会释放资源。这就要求企业从那些不再能获得成果或收益正迅速下降的领域、产品、服务、市场、技术中撤出资源。一项增长战略始于每两三年问一次："如果我们之前没有生产该产品系列或没有进入该市场，在知道现在所知的一切的情况下，我们还会生产或进入吗？"

如果答案是"不会"，那么别说"让我们再研究研究"，而要说"我们怎样才能退出或者起码停止投入额外的资源？"。

增长来自利用机会。如果企业将生产性资源，特别是表现良好的人员这一稀缺资源，用于让昨天活得更久，保护过时的事项，为没有成效的事项和本应奏效却未奏效的事项找借口，那么企业就无法利用机会。最成功的企业（例如 IBM 公司、施乐公司、通用电气公司）的战略计划都始于下述假设：今天最成功的产品可能是明天最快被淘汰的产品。这是一个务实的假设。

增长战略进一步要求的是聚焦。增长战略中最严重、最常见的错误是企图在太多领域实现增长。增长战略必须以机会目标为中心，也就是以企业的独特优势最可能产生非凡成果的领域为中心。首先应该着眼于市场、人口、经济、社会、技术，从而确定最可能发生的变化及其方向。事实上，最好是从询问"已经发生的哪些变化最可能产生长期影响？"开始。

当然，人口统计数据的变化始终是最可靠的指标，因为人口变化的提前期既是众所周知的，也是不可阻止的。例如，2000 年美国的劳动力的成员，无论是在美国出生的还是在其他国家出生的，几乎所有人现在都已在世。知识与感知的变化、新科学或新见解的应用，也都具有众所周知且可预测的提前期。

相比于预测变化的能力，或许更重要的是这样的认识：变化创造机会，而给商界人士支付薪酬就是为了让他们把社会、经济、技术的变化转变为有利可图的商机。制定增长战略的最后一步，是深入思考**我们**业务的具体优势是什么，顾客为**我们**的业务付费所想要获得的具体服务是什么，**我们**做得好的具体事情是什么，进而将这些因素集中到那些所预期的变化上去，从而识别出企业的优先机会。对企业而言，把"机会"定义为发生在外部的事项过于宽泛。机会是由某项具体的业务带来的，而这意味着：使一家企业的独特优势与市场、人口、经济、社会、技术、价值的变化相适应。

最后，一项增长政策需要能够区分健康增长、脂肪与恶性肿瘤，三者都是"增长"，但显然并非同样可取。在像美国当前这样的通胀时期，区分健康增长和有害增长（甚至恶性增长）的能力尤为重要。通胀会造成扭曲。最重要的是，它扭曲了总量数据和增长统计数据的含义。在通胀时期，许多增长是纯脂肪。但其中也有一些是癌前病变。

换句话说，总量增长本身并非增长的迹象。它首先需要根据通胀进行调整。然后需要对其质量加以分析。纯粹的总量增长根本不是增长，只是一种错觉。只有当更大的总量使所有生产性资源（资本、关键物质资源、时间、人员）的总体生产率提高时，这种"更大的总量"才是健康的。如果增长带来了更高的总体生产率，换句话说，如果这是健康的增长，那么管理层的职责就在于为其提供支持。

如果增长没有提高资源的总体生产率，也没有使其降低，那么它就是脂肪。此时就需要仔细观察。对于短期内没有提高生产率的总量，通常有必要为其提供支持。但如果在两三年后，增加的总量仍没有带来生产率的提高，那么就应视其为脂肪，应该予以放弃以免对体系造成负担。导致企业资源总体生产率下降的增长（在最短暂的启动期的除外）应视为癌前病变，需要采用根治性手术进行治疗。

在 20 世纪 60 年代末的繁荣年代的高峰期，任何业务都被期望永远增长下去。这是愚蠢的，没有什么能永远增长下去。后来，在 20 世纪 70 年代初，零增长成为趋势。当然，超过 15 年的全球通胀导致一场全球萧条的可能性是真实存在的。

实际上，20 世纪 70 年代存在零增长趋势的这些年，是有着非常真实的且迅速的增长的年份。但无论是从技术和产品角度看，还是从地理角度看，这些年的增长都主要来自新领域。整体而言，这并非 1948 年以来 25 年增长的延续，那 25 年是马歇尔计划所开创的世界上时间最久、范围最广的经济增长时期。

　　换言之，不为增长制定计划是不合理的。但根据第二次世界大战后的那段时期的持续增长来制定计划（我们的许多企业正是这样做的），甚至可能更不合理。现如今，每家企业都需要一个总体增长目标、一项增长战略，以及区分健康增长、脂肪与恶性肿瘤的方法。

（1979 年）

美国的"再工业化"

未来几年，我们将听到越来越多关于"美国再工业化"（也就是恢复美国在制造业领域的竞争优势和领导地位）的言论。两大主要政党都在为 1980 年的总统竞选活动制定再工业化纲领。日本、联邦德国、英国、瑞典以及其他发达工业国家也有类似的再工业化政策需求。

然而，重要的是区分这个口号的两种含义。当老牌制造业的工会领导者和企业管理者呼吁再工业化时，他们最常见的意思是出台政策，来保住传统大规模生产行业中蓝领的就业岗位，尤其是半技能性机器操作员的就业岗位。

但在美国以及所有其他高度发达的工业国家，甚至在工业化程度较高的社会主义国家，旨在保住传统蓝领就业岗位的政策与"再工业化"的另一个含义不相容：恢复该国在生产和出口制成品领域的国际竞争力。与保住传统蓝领就业岗位的政策相反，对美国这样的发达经济体而言，重获国际竞争力的唯一方式是鼓励迅速削减传统的蓝领就业岗位。

产生这种矛盾的原因在于人口而非技术。多数发达国家正处于 20 世纪第二次重大人口转型的开端。第一次转型始于 19 世纪末 20 世纪初，在第二次世界大战后达到顶点，这次转型是就业核心从农业转向制造业。

大批民众从农场迁移到工厂，这孕育了现代蓝领工人，即半技能性机器操作员，并随之形成了大规模生产工业。农业劳动力大幅减少。1900 年，农业劳动力占美国劳动力总数的 60%，但现在仅占 3%～4%，与此相似，日本农业劳动力的相应比例从 1946 年的 60% 下降到现在的不到 10%。但这种人口转型使农业产出和工业产出都增加到原来的 3 倍或 4 倍。

现如今，第二次人口转型正在把劳动力从体力工作大批转移到"知识工作"。受其所接受的学校教育、个人怀有的预期及所掌握的技能影响，进入劳动力市场从事传统蓝领工作的美国年轻人的数量仅有 30 年前的一半。当六七十年代"生育低谷"时期出生的孩子达到工作年龄时，这一数量将会被压缩得更严重：1990 年潜在的可用蓝领工人数量将只有 1950 年的 1/3。

工业国家的人口转型与发展中国家的经济转型存在密不可分的联系，后者现在正经历发达经济体先前经历过的从农场到城市的相同转型。由于这种转型以及 20 世纪 50 年代以来婴儿死亡率的急剧下降，多数发展中国家现在都有大批年轻人，这些年轻人只能胜任传统劳动密集型、低技能或半技能性机械工作。即使出现生产率大幅提高的奇迹，工业国家的半技能性工人也不可能与马来西亚、墨西哥等国的低工资劳动者竞争，这些国家的失业率高达40%～50%，城市里有数百万年轻的半技能性工人。

因此，为了保持在制造业领域的竞争优势和领导地位，无论是与德日竞争，还是与迅速工业化的第三世界国家竞争，美国这样的国家都需要把制造技术与可用的知识工作者的供给结合起来，而不是与日益减少的蓝领体力劳动者的供给相结合。这要求制造工作从操作机器转向为机器设计程序，实际上是为整座工厂和流程设计程序，而非为个别机器或生产线设计。

或许最重要的是，这要求管理层转变观念。劳动力必须不被视为一种成本，而是一种资源（将劳动力视为成本的观点无论如何都与真实的生产率不相容）。因为从成本角度看，发达国家的劳动力不可能富有成效、富有竞争力。

这种再工业化有三种并行的途径。在过去的 25 年里，一直最受关注的是自动化，尤其是在装配线上使用机器人或全自动机床。复杂的机器人已经用于汽车业，尤其是汽车制造商日产公司的座间工厂以及通用汽车公司在美国的某些装配厂。

但无论机器人在外行看起来多么壮观，其重要性可能远不及第二种再工业化途径：把整座工厂和整套流程重新设计为集成的流系统。这种重新设计几乎不影响传统的装配，但完全改变了零件的制造及其质量控制——这些过程都是集成的，并且是根据最终产品的反馈不断进行校准的。日本的电视制造商在其美国工厂中运用了这种方法。美国无线电公司也是如此，其在美国的电视工厂有能力与国外的低工资生产商竞争，并可以轻松将国外的生产商击败。

第三种，也是最重要的再工业化途径是，把小型计算机和微型计算机整合到机器、工具、仪器中。这种发展的推进如此迅猛，以至于有些观察家称此为"第三次工业革命"。其影响完全可以媲美 100 年前的分马力电动机。

分马力电动机曾在 30 年内改变了产业格局，使今天的制造技术、农业、家用电器成为可能。类似地，微型计算机同机器与工具的整合，使工作者从

"半技能性"蓝领机器操作员转型为"半知晓性"白领技术员。

人口压力如此巨大、如此不可逆转，以至于任何试图保住传统制造工厂中蓝领就业岗位的政策都将是徒劳的。即使在短期内，不管有多少资金被投在创造和保住蓝领就业岗位上，这种政策也只会减少蓝领岗位的数量。因为它只会削弱传统制造业的竞争力。

相反的做法是最大化知识就业岗位，鼓励自动化，鼓励蓝领工作者转型为白领技术员，以及通过裁员规划来减轻传统蓝领工作者的困苦。在美国，向以知识为基础的制造业转型是在不加剧通胀的情况下扩大就业的唯一途径。

但任何发达国家的任何政治人物都能倡导这样的政策吗？我们所能希望的最好结果就是，出台一项模仿富兰克林·罗斯福时代以来美国农业政策的再工业化政策。

50年来，我们的农业宣传一直在鼓吹其目标是维护小型家庭农场。但大体上，农业政策优先考虑的是提高农业竞争力而非保护效率低下的家庭农场。或者至少美国的农业政策仅限于补偿效率低下的家庭农场，而非为其提供实质性的政策支持。政治人物和农业领导人是否始终知道自己在做的是什么，我表示怀疑。但总体来看，他们理解了那次人口转型并将其视为一个机会。

我们是否也会把第二次人口转型视为美国真正再工业化的一个机会呢？

（1980年）

劳动收入过高的危险

越来越明显的是，生产率和资本形成都严重依赖劳动收入占比（工资和附加福利在增加值中所占的比例），并且无论我们谈论的是一家企业、一个行业，还是一个国家的经济，都是如此。如果该比例超过某个阈值（看起来位于 80% ～ 85% 之间），生产率就会下降，资本形成就会太低以至于无法保住现有的工作岗位，更别提创造新工作岗位了。

以美国的汽车业和钢铁业为例。现如今，人们普遍哀叹美国工业竞争力下降，并对美国的管理已变成何种状况感到疑惑。然而，事实上这种"美国病"基本上仅限于汽车业和钢铁业。

美国制造行业的主体，从流行商品到飞机、从纺织品到计算机，在过去 4 年中一直在经历非凡的出口繁荣，其蓬勃形势几乎不亚于第二次世界大战刚结束时，那时美国潜在竞争对手的工厂尚为一片废墟。多数美国行业的出口表现为一个问题提供了解释，这个问题就是：为什么之前大肆宣传的

1979～1980 年"衰退"比预期要短暂得多、温和得多，尽管存在着油价飙升、汽车业和钢铁业濒临崩溃的情况。实际上，美国对欧洲共同市场[○]的出口顺差极有可能成为里根政府对外经济关系的主要难题之一。

因此，被认为是普遍现象的汽车业和钢铁业实际上是特例。两者之所以是特例，主要是因为它们在工资和附加福利方面的相对开支过高。在美国的多数制造行业中，劳动收入占比可能仍低于 80%（尽管难以获得可靠数据）。但在汽车业和钢铁业，该比例远高于 85%，甚至可能接近 90%。

在美国的汽车业和钢铁业中，劳动力成本（无论是按每位员工、每小时的实际工作测算，还是按单位产出测算）比其他**美国**制造行业的现时劳动力成本高 50%～100%。在福特汽车公司，每位员工每小时劳动力成本（包括所有附加福利和不工作（如旷工）时产生的成本）接近 25 美元，相比之下，化工制造业这种高薪行业也只有大约 15 美元。由于德日两国汽车业和钢铁业的劳动力成本大致相当于美国**其他**制造行业的现时劳动力成本，所以难怪美国这两个行业在面对进口产品的竞争时遭遇了那么多挫折，也难怪那么多汽车工人和钢铁工人失业。

且不说进口产品的竞争加剧，85%～90% 的劳动收入占比使资本形成变得不可能，因此危及未来的工作岗位。即使是通用汽车公司，它也几乎无法产生或筹集使工厂现代化并转而生产节能汽车所需的资本。

在欧洲，福特汽车公司已经在生产和营销有竞争力的小型节能汽车方面做得非常出色了。但在美国，福特不能足够迅速地筹集改造工厂所需的资

○ 欧洲共同市场（Common Market），1958 年由法国、意大利、比利时、荷兰、卢森堡、联邦德国根据《罗马条约》建立，规定商品、服务、人员、资本可以在缔约国自由流动。——译者注

本，从而生产已经在欧洲制造并在市场上得到验证的汽车。钢铁企业的处境相同，并且在这种情况下，不论管理有多好，规划有多好，设计和营销有多好，都没什么用。

在整个经济层面上，劳动收入占国民生产总值 85% 以上的国家（英国、荷兰、比利时、斯堪的纳维亚国家）也陷入了最严重的困境。与之相比，联邦德国和日本的劳动收入占比为 70% ～ 75%，最多 80%。

事实上，对一个国家正常运作的能力而言，劳动收入占比似乎比通过政府机制转移的国民生产总值比例更重要。在联邦德国，这种转移的比例很高，在日本则很低。然而，这两个经济体的运作有些类似，并且都远远优于美国这样的国家，后者的政府转移比例相对较低，但关键行业的劳动收入占比较高。

经济学家和经济政策制定者传统上很少注意劳动收入占比，原因很简单，它在以前从来都不是一个问题。大卫·李嘉图的第一篇理论文章发表以来，"工资基金"和"资本基金"的关系已经被研究和争论了近 200 年。但一直到约翰·凯恩斯，核心问题始终是如何防止"资本基金"变得"过高"。但现如今在劳动收入占比为 80% ～ 85% 的情况下，坚定的凯恩斯主义者也会接受下述观点：经济理论和经济政策必须关注恢复生产率和资本形成。

高劳动收入占比也导致工会和传统上经由集体谈判确定工资的机制面临生死危机。遭遇这么多挫折、出现这么严重失业的美国汽车业和钢铁业是几乎被工会垄断的两个行业，这两个行业中几乎没有不设工会的工厂，这绝非巧合。

此外，80% ～ 85% 的劳动收入占比会使所有劳工运动的基本原理失效，例如"劳动收入在国民生产总值中的比例永远不会过高"这一公理。当劳工运动在 100 多年前兴起时，劳动收入最多占国民生产总值的 40% 左右。

因此，美国工会的先驱领导者塞缪尔·龚帕斯⊖把劳工运动的目标定义为"更多"。

但当劳动收入占到国民生产总值的85%，不会再有"更多"时，这个目标还能维持吗？或者是否必须问：为了使一家企业、一个行业、一个国家能够为明天的工作岗位形成足够的资本，对劳动收入在相应的生产总值中的比例必须设定什么限度？

与此类似的是劳工运动的一个信条——不同于企业垄断，工会垄断永远不会有害。亚当·斯密曾经指出，企业垄断降低总需求，因此会造成失业。与之相比，一个世纪以来劳动经济学家始终认为工会垄断只能创造需求（也就是购买力），因此不会助长失业。甚至多数亲企业的经济学家都接受这个观点，除了美国的少数异类经济学家，如芝加哥大学的乔治·斯蒂格勒⊜和已故的亨利·赛门斯⊜。但在美国的汽车业和钢铁业中，可以确定的是，工会垄断已经助长了大规模的失业。

最后，工会早就提出（远远早于马克思），工人的储蓄倾向至少会与其收入的增速一样快。这种观点认为，相比于资本形成掌握在资本家或企业手中的社会，低盈余（即除劳动收入外几乎没有其他收入）社会的资本形成不会更低，甚至可能更高。在假设消费需求对投资的乘数效应方面，凯恩斯只不过是用一种精致的理论表述了社会主义者和劳动经济学家长期公认的一条公理。

⊖ 塞缪尔·龚帕斯（Samuel Gompers，1850—1924），美国劳工运动领导人之一，长期任美国劳工联合会（1886年成立）主席，把工会运动的目标从社会问题转向了"面包和黄油"问题。——译者注

⊜ 乔治·斯蒂格勒（George J. Stigler，1911—1991），美国经济学家，芝加哥经济学派代表人物，1982年获诺贝尔经济学奖。——译者注

⊜ 亨利·赛门斯（Henry Simons，1899—1946），美国经济学家，芝加哥经济学派早期代表人物，其反垄断思想和货币主义主张影响广泛。——译者注

但上述公理中有哪一条还能成立呢？或者我们将不得不用完全不同的假设来代替它们？假设之一可能是，如果一家企业、一个行业或一个国家要确保充足的资本形成，那么劳动收入必须保持在某个比例（比如 80% ～ 85%）之下。或许我们应该限制工会的垄断权力，从而使工会主导的行业能够维持竞争地位，也能保持创造未来工作岗位的能力。

我们也可能不得不用促进资本形成的措施来平衡劳动收入占比的每次提高（尤其是在企业中），无论这意味着从高收入税转向销售税，还是意味着免除储蓄税、资本收益税和营业利润税。也许我们甚至不得不接受"劳动收入占比的提高取决于资本形成率"这一点，或者把两者以某种方式联系起来，但不像凯恩斯主义者和弗里德曼[⊖]货币学派的支持者那样完全依赖乘数，认为乘数犹如一只看不见的手，会自动把消费需求或货币供给转化为投资。

工会面临的危机，即成功导致的危机，是所有挑战中最棘手的。工会已经实现了目标——当任何机构实现了目标时，它往往会变得守旧，然后会退化和萎缩。

1980 年波兰发生的事件[⊜]再次表明，现代社会需要工会。必须有一种对抗上司权力的制衡性权力，哪怕是在市场对上司权力设定了严格限制的自由经济中也是如此。但制衡性权力仍然是权力。权力要变得正当，就需要具备工会迄今仍缺乏的：明确的责任、问责制以及预先设定的限制。

（1981 年）

⊖ 米尔顿·弗里德曼（Milton Friedman，1912—2006），美国经济学家，芝加哥经济学派代表人物，也是货币学派的领导人物，强烈反对凯恩斯主义，1976 年获得诺贝尔经济学奖。——译者注

⊜ 1980 年波兰爆发了第二次世界大战后该国规模最大、持续时间最长的罢工浪潮，迫使当时的波兰领导人下台，并成立了团结工会。——译者注

3

第三部分

非营利部门

多数人听说的不是"管理（层）"，而是"企业管理（层）"。确实，管理（层）作为一种职能、一个拥有权威与责任的器官、一门学科，最初是被当作企业的一部分而被看到、被认定、被研究的。但这仅仅是一个历史的偶然，并且主要是美国历史的偶然。管理层是任何现代机构的特有器官。身处管理层中的人可能有不同的称呼，例如学校和医院更喜欢称他们为行政人员。但他们所有人所做的，都是从事管理（to manage）。他们所有人所实践的，都是管理（management）。

非企业机构，尤其是第三部门的那些机构（也就是非政府的非企业机构，无论是私有的还是公有的），一直是现代社会真正的增长领域。实际上，美国研究生商学院大约一半获得 MBA 学位的学生没有进入企业工作，而是进入了第三部门。

但第三部门组织，包括学校、医院、社区组织（无论是福特基金会、童子军、红十字会还是艺术博物馆）、工会和教会、会计师事务所和大型律所，还有数不清的各种协会（包括专业协会和产业协会、学术协会，以及娱乐协会），也已经发生了彻头彻尾的变化。譬如医院，仅在短短 100 年前，它还只是穷人的死亡之所。

在未来几年，第三部门机构肯定会面临更多而非更少的挑战。第三部门机构的许多需求与企业机构的需求是相同的，它们都需要会计核算，都雇用人员，都需要营销。但也存在特有的第三部门需求和特有的第三部门绩效。这些特有的需求和绩效正是本部分关注的内容。

管理非营利机构

15 年前，美国某家较大的慈善组织会例行性地询问海外驻地代表职位的申请人："你有足够的私人收入来为非营利机构工作吗？"这家组织的执行董事在 1978 年退休前的 30 年里一直拒绝接受超过 2 万美元的年薪，尽管它已成长为规模达 1 亿美元的组织。现如今，该组织在第一年就会支付雇用到的 MBA 学位毕业生 2.15 万美元薪资以及海外生活费用。那位老执行董事的继任者的年薪为 7.5 万美元，此外还有奖金。

当 1978 年春天托马斯·霍文[⊖]离开纽约大都会艺术博物馆的馆长岗位后，董事会认为单个人难以胜任该岗位，于是将这个岗位一分为二：一个是总裁兼首席执行官，另一个是董事兼首席艺术官。据报道，每个岗位的薪资都高达六位数。

⊖ 托马斯·霍文（Thomas Hoving, 1931—2009），美国著名的博物馆管理者，1967～1977 年任纽约大都会艺术博物馆馆长。——译者注

我以前的一名学生，现年 33 岁，最近从一家中型银行的运营副总裁助理岗位跳到某个郊区县的医学协会担任执行董事。他领导着 35 名全职雇员，年薪为 4.5 万美元。20 世纪 60 年代初，当他身为医生的父亲在此担任无薪的财务主管时，该协会只有 1 名全职雇员、1 名年薪 8000 美元的女性文员，并且由 1 名医生成员的年轻妻子兼职编辑简报（每月报酬为 50 美元）。

众所周知，医院在人事、工资、复杂性、病人承载量、服务范围、成本方面已经出现了爆炸性增长。许多其他的服务机构在雇用人数、复杂性、成本方面也在以类似的速度增长。相比于政府工作岗位和大型企业中除高层岗位以外的所有岗位，现如今服务机构支付的薪资一样有竞争力（尽管服务机构的雇员通常不这么认为）。而且，如今对服务机构雇员的需求不仅增长迅速，还发生了巨大变化。

例如，15 年前，凭一流的东方藏品而闻名的西雅图艺术博物馆认为，好年份会有 10 万名参观者。到 1978 年 11 月中旬，即历时 4 个月的图坦卡蒙法老展览在西雅图结束之时，该博物馆 1978 年已经吸引了超过 100 万名参观者，几乎所有的参观者在 15 年前都从未想过要去参观这家博物馆。

服务机构已经发展得如此庞大，以至于它们现在所雇用的人员可能超过了联邦政府、州政府、地方政府的雇员总和。而且，它们如此重要，以至于我们开始谈论社会的第三部门，这既不是公共（政府）部门，也不是旧意义上的私营企业部门。第三部门由非政府机构组成，但仍然是非营利的。然而迄今为止，我们很少关注第三部门及其经济、管理、绩效与影响。

一个原因是第三部门包罗万象，它囊括：医院、博物馆、大学、图书馆、交响乐团；数以千计的行业协会或贸易协会、商会，以及像律师协会或注册护士协会这样的专业团体；像童子军这样的民间团体和像哥伦布骑士会⊖这样的宗教团体；纳德⊜支持者或塞拉俱乐部⊜这样的"公共利益"游说团体；还包括小部件工厂的保龄球俱乐部和领班协会，以及大量针对各种可想象的（或不可想象的）诉讼案件的特别辩护人。

有些服务机构规模庞大，在豪华大厦办公，就像华盛顿的美国科学促进会和纽约的福特基金会那样；有些则靠 1 名兼职文员和 1 名无薪的财务主管运作。有些服务机构配备了位高权重的专业人员，并由其运作；有些则靠志愿者。有些服务机构依靠募捐；有些依靠收费；还有一些，像多数公共图书馆和许多博物馆这样的，全部或部分依靠税收支持。

各种服务机构除了不是什么之外（即不是政府机构或企业），彼此似乎没什么共同之处。

服务机构被我们忽视的另一个原因是，其增长是最近才出现的。直到不超过 20 年前，服务机构都是处于边缘的。服务机构的总体目标、绩效、有效性、生产率不会对谁提供帮助或造成伤害，除了它们自己。然而现如今，第三部门已变得如此重要、庞大、费用高昂，以至于我们需要关注它们正在如何运作。服务机构的绩效、有效性、生产率将越来越重要，并且将越来越难以实现。正因为服务机构发展如此迅速，所以它们需要更多、更妥当的管理，并且需要不同的管理。

在经历了这种爆炸性增长后，以往的做事方式已变得不合适，甚至适得

　⊖　哥伦布骑士会（the Knights of Columbus），世界上最大的天主教兄弟会志愿者组织，1882 年创立，会员仅限于信奉天主教的男性。——译者注

　⊜　纳德（Ralph Nader, 1934— ），美国政治活动家、作家，因主张消费者保护、环保、政府改革事业而闻名，多次以独立候选人身份竞选美国总统。——译者注

　⊜　塞拉俱乐部（Sierra Club），美国一家历史悠久、规模庞大的环保组织，1892 年创立于旧金山。——译者注

其反。75 年前的医院主要是为给穷人一个体面的死亡之所，也就是一个施舍"慈善"的地方；现在的医院肯定是一个与之截然不同的机构。借用 19世纪的说法，博物馆的旧角色是"富裕阶级附庸风雅"的"文化堡垒"，前述那家吸引了大量参观者以至于不得不限制入馆人数的博物馆肯定服务于不同的目的。但新目的是什么呢？又应该是什么呢？

现在美国（和欧洲）的中产年轻人认为在国外生活和旅行是理所当然的，这在很大程度上是由于国际学生交流组织（当然有赖于包机）做得很好。那么，这些学生交流项目还有用吗？有什么用呢？

已面临这些问题的一个组织是 CARE[⊖]。它仍然处理食品包裹，帮助全世界遭受灾难的人填饱肚子，它把工作做得很好，而且成本低、效率高。但它也基于自身的成功和作为一个援助机构的被认可度，变成了一个发展机构，激发全世界的贫苦农民转变为有生产率、有见识、自立的农业专家。

福音教会的成功很可能较少源于保守主义，较多源于它们面对事实的意愿，而这一事实就是：在现在这个过度机构化的社会中，牧师的首要工作不再是关注**社会**问题（该工作使得美国新教教会在 20 世纪初运作得非常有效），而可能是帮助个人。[⊜]

但总体而言，几乎没有服务机构尝试深入思考已变化的环境，而这个环境就是它们自己的运作环境。多数服务机构相信，所需要做的一切就是更努力地运作，筹集更多资金。

⊖ CARE，全名为 Cooperative for Assistance and Relief Everywhere，是一家国际人道主义援助组织，成立于第二次世界大战后，聚焦于解决贫困问题。——译者注

⊜ 德鲁克此处的论述涉及 20 世纪美国宗教运动的发展趋势。19 世纪下半叶至 20 世纪初，美国兴起一场声势浩大的社会福音运动，支持者主张应用《圣经》中的爱和正义原则改善大工业社会，20 世纪中期以后，人们的关注点逐渐从社会转移到个人。——译者注

很少有服务机构愿意接受这一观点：成功总意味着有组织地放弃已取得的成绩。在服务机构中，放弃是尤其困难的。服务机构不是**"想要"**（want）导向的；它们是**"需求"**（need）导向的。按照定义，服务机构关心的是善行与社会或道德贡献，而不是收益和成果。社会工作者总是相信，如果让某个家庭摆脱福利救济的工作遭遇失败，那就证明需要开展更多工作和投入更多资金。

然而，正因为服务机构的成果不易衡量，所以才需要有组织地放弃。服务机构需要从昨天的工作中系统地撤出资源：资金，尤其是人员。服务机构的主管必须不断地思考下面这个不受欢迎的问题："假如当初我们没有从事这项活动、服务、工作，那么在知道现在所知道的一切的情况下，我们还会参与其中吗？"如果答案是"不会"，那么他不应该要求进一步研究该问题，或试图设法新瓶装旧酒，从而让捐赠者觉得是新服务。他应设法尽快摆脱这项服务。最起码他应该自问，应该如何改变方法来实现服务机构起初设定的目标。

商界人士和公务员都倾向于低估管理服务机构的难度。商界人士认为，服务机构的管理不过是一个效率问题；公务员认为，这不过是一个设定合适的程序与核查机制的问题。正如我们在试图让医院变得稍微更容易管理（据我所知，还没人试图让大学如此）时艰难地发现的那样，这两种看法都是错误的，服务机构比企业或政府机构更复杂。

实际上，对于管理非营利机构，我们知道得还远远不够，非营利机构的管理问题只是最近才出现的一种现象。但我们确实知道，服务机构需要得到管理。而且，我们确实知道，界定其任务是什么、不应是什么，是使第三部门机构实现可管理、得到管理且运行良好的最重要的一步。

（1978 年）

管理知识工作者

在发达经济体中，直接从事生产的人员（机械工、砖瓦工、农场主）在劳动力中所占的比重稳步下降。比重增长最快的群体是"知识工作者"，包括：会计师、工程师、社会工作者、护士、各类计算机专家、教师、研究人员等。在知识工作者中，比重增长最快的是经理人群体。那些把知识而非体力或手工技能用于工作从而获得薪酬的人，是当前美国劳动力中最大的群体，也是成本最高昂的群体。

通常来说，这些人的收入既不取决于供求关系，也不取决于他们的生产率。他们的工资和附加福利跟直接从事生产的体力劳动者同步增长。当机械工涨薪时，领班也会几乎自动地以同样的百分比涨薪，企业中所有其他人的薪资都会如此，直到执行官层面的人。

但知识工作者的生产率是否提高了，这是值得怀疑的。例如，我们是否有理由相信，当今的学校教师的生产率比 1900 年的教师的生产率更高呢？

或者当今的工程师、从事研究的科学家、会计师，甚至当今的经理人的生产率是否比他们 1900 年的同行的生产率更高呢？

与此同时，知识工作者往往感到不满，或至少不完全满意。他的薪酬非常高。他的工作很有趣，并且不像以往的工作那么耗费体力。然而，现如今我们经常听说的"异化"◯（我个人更喜欢使用"紊乱"◯这个非常古老的词）主要不是存在于工人阶级中。它首先是存在于受过良好教育的、受雇的、中产阶级知识工作者中的一种现象。

我们不知道如何衡量知识工作者的生产率或满意度。但我们确实比较清楚地知道如何提高两者。实际上，这两种需求（社会和经济对高生产率的知识工作者的需求、知识工作者对成就的需求）尽管泾渭分明，但大体上，通过以下这些管理知识工作者的方式，这两种需求都能得到满足。

一

我们首先知道，知识工作者的生产率及其成就的关键都在于要求其承担责任。所有的知识工作者，从公司最基层、最年轻的员工到首席执行官，每年应该至少被询问一次："你**贡献**了什么，由此可证明你获得的薪酬是合理的？你认为本公司（医院、政府机构、大学）应该在贡献和成果方面对你提出什么责任和要求？你知道自己的总体目标和具体目标是什么吗？你计划做

◯ 异化（alienation），又译为疏离，是指原本和谐的两物彼此分离甚至互相对立，黑格尔以来，学术界产生了多种异化理论，如商品异化理论、劳动异化理论、人的本质异化理论。——译者注

◯ 紊乱（distemper），这个词源自中世纪拉丁语 distemperare，意思是"破坏（体液）的适当平衡"。——译者注

什么来实现这些目标？"

引导知识工作者做出贡献而非单单多付出努力，是任何管理知识工作者之人的首要工作。但很少有人这么做，哪怕是尝试一下。通常，工程部门只有在完成设计后才发现，它一直努力开发的产品在市场上没前途。

二

但与此同时，知识工作者必须能够评估自己的贡献。人们常说，研究工作是"抽象的"，甚至无法加以评估。但这种说法是完全错误的。

在研究部门真正运行良好（唉，这是例外，而非常态）的任何地方，每年都会有一两次，成员们同管理层一起坐下来深入思考两个问题，"在过去的两三年里，我们为公司做出了什么真正重要的贡献？"，"在未来的两三年里，为了取得成绩，我们应该努力做出什么贡献？"。

这些贡献可能确实并非总是可衡量的。如何对其进行判断可能存在争议。例如，下面这两种情况，一种是一项经过五年多的极其艰苦的研究取得的新生化发现（这项发现可能会引导一种具有优越性能的新型药物的开发），另一种是研制出一种糖衣阿司匹林（虽然没多大科研价值，但因为能让儿童感到阿司匹林更可口而改善儿科药物的疗效，同时也能立刻提高公司的销售和利润），两者相比，哪个贡献更大呢？

除非知识工作者被要求深入思考这些问题，并对自己的贡献进行回顾、评估、判断，否则他们将不会引导自己做出贡献。同时，他们也将感到不满意、没有成就感，以及被彻底异化。

三

或许最重要的规则（也是很少有管理层会加以关注的规则）是：让知识工作者去做组织花钱雇他们来做的那些事情。若不能从事自己为之而获得薪酬的工作，那么积极性一定会被扼杀。然而，销售人员知道组织雇用自己是为了完成销售工作，但他们因为要花时间做管理层强加的日常文书工作而没有足够时间去开展销售工作。再有，在一个又一个的研究实验室里，高薪酬、有胜任能力的科学家们不被允许从事自己的工作，而是被迫参加无休止的会议，可他们对这些会议毫无贡献，从中也得不到任何收获。

经理们可能知道该规则。但他们很少知道，自己或公司做的什么事情会妨碍知识工作者，会对知识工作者从事那些他们为之获得薪酬的工作造成障碍。要知道这些，只有一个办法，即询问知识工作者本人（及其所属的知识工作团队）："作为你的经理，我以及公司管理层中的其他人做什么，会对你开展公司雇你来做的那些工作有帮助？……我们做的什么事情会妨碍你？……具体而言，我们有没有给你时间做公司雇你来做的那些工作？有没有给你提供做那些工作所需的信息和工具？"

四

知识是一种高级资源。知识工作者成本高昂。因此，对知识工作者的配置是保证其生产率的关键。首要规则是，必须为机会配备有能力把握机遇并能将其转化为成果的人员。要保证知识工作者的生产率，需要不断关注律师事务所和管理咨询公司所说的"任务分配控制"。正因为成果非常难以衡量，组织不得不知道将何人放在何岗位才能在知识工作中创造成果。

对知识工作者的有效管理需要经常性地、定期地对重大机会进行盘点和排序，并接着问："谁是我们可用的表现良好的人员？他们是研究人员还是会计师，销售人员还是经理，制造工程师还是经济分析师？这些人员被安排做什么？他们在能够产出成果的地方吗？或者因为任务分配不当，导致他们无论表现得多好，都不能创造真正的成果？"

除非一直这么做，否则人员将按照组织的需求配置，也就是按照事务的数量配置，而非按事务的重要性和人员的贡献潜力配置。知识工作者们将很快就被安排到错误的位置。他们将处于无法实现高生产率的位置，无论他们多么有动力，多么高素质，多么有奉献精神。

组织也不得不确保知识工作者被安排在其优势能够带来高生产率的地方。世上没有全能型天才，尤其是在趋向高度专业化的知识工作中。某位特定的知识工作者能做什么？擅长做什么？由此，为了从其优势中取得最大成果，他真正应该被放在哪个岗位上呢？

多数企业和其他组织在初次求职的人身上也会花费大量时间和资金，它们希望这些人未来会转变为知识工作者。但在这个阶段，组织对这些未来的员工了解很少，除了他们在学校中的成绩，但是学习成绩与未来的绩效能力几乎没有关联。对于知识工作者的真正的人事管理工作开始的时间要晚于此阶段，因为只有在组织了解知识工作者能做什么后，才能将他们配置在其优势可以带来高生产率的地方。

体力是累积的。两头牛能拉的负荷几乎是一头牛的两倍。技能是能够细分的。相比于一个精通木工各个方面的人，各自学会木工活中某个方面技能（例如，把桌腿粘在桌板上）的三个人，能够产出多得多的工作成果。但在知识工作中，两个平庸之人的产出不会超过一个能做出绩效的人的产出，更别提两倍了。两个平庸之人往往相互掣肘，产出远远低于一个有能力的人。因此，在知识工作中，首先要从优势出发来配置人员。这就意味着要对把知识工作者配置到他们能创造成果并做出贡献的地方这件事保持关注。

在所有的资源中，知识或许是最昂贵的。知识工作者的成本远远高于其薪资表明的水平。每位知识工作者也代表着大量的资本投资，包括在学校和在学徒期的投资，在此期间知识工作者学习而非做贡献（例如，每位总工程师都知道，要想让年轻毕业生真正挣回公司付给他们的薪资，至少需要等 5 年时间）。每位年轻工程师、年轻会计师、年轻市场研究人员都代表着 10 万～ 15 万美元的"社会资本投资"，然后他们才开始用自己的贡献来回报社会和雇主。我们所拥有的其他资源都不具备同等程度的"资本密集"和"劳动密集"，只有"管理"能将知识工作者转变为一种生产性资源。

但是，也要知道，没有人像知识工作者那样，如此期望能取得成就、能生产创作、能做出贡献。换句话说，如果不允许他们去取得成就，也就没人比他们更有可能被异化了。

因此，如果不对知识工作者进行管理以提高生产率，那么既会造成通胀带来的经济压力，又会造成传染性极强的社会疾病，即紊乱。我们确实既不能衡量知识工作者的生产率，又不能衡量知识工作者的满意度。但我们知道如何提高这两者。

（1975 年）

第 20 章 ｜ CHAPTER 20

有意义的政府重组

在 1976 年的总统竞选期间，吉米·卡特反复承诺要精简联邦政府，合并某些机构，创设联邦能源部这样的新"超级部门"。关于这一点，卡特只是遵循了富兰克林·罗斯福 1936 年的总统竞选以来每位前任竞选者的一贯做法。

确实需要全面改革华盛顿膨胀的官僚机构。但相比于各位前任的建议，卡特先生的建议不太可能对政府绩效产生更大的影响。调整组织结构图不会使一个机构变得更有效或运行得更好。零基预算和零基收入规划是激进得多的新措施，旨在控制政府开支和税收，尽管这两种举措是可取且必要的，但只会产生有限的影响。

然而，如果新任总统真的想让政府更有效，那么我们知道该做什么。至少我们知道前三步。

第一，要求每个政府部门及其内部的每个项目和规划都树立清晰明确的总体目标。我们需要的不仅仅是宽泛的政策声明（这些只是良好的愿望），而是带有具体时间表和明确责任分配的目标。当然，预算表明了一个部门计划的资金支出及资金去向。但预算很少表明预期成果。换句话说，预算是做出含糊承诺的支出计划，但它们不会提及政府行为带来的社会和经济变化。

因此，提高政府绩效的第一步是树立明确的目标，这些目标要明确指出预期成果和实现这些成果所需的时间。接下来，需要每年对这些目标的实现情况进行系统的调查和汇报。

第二，在自身有针对性的目标范围内，每个部门都需要确定优先事项，以便使工作聚焦。事实上，政府部门毫无例外地都缺乏优先事项，并且坚决拒绝确定优先事项。

美国的每个警察部门都知道，处理街头犯罪是第一优先事项，这就要求警察专注于巡逻职责。但很少有警察部门敢对一位打电话来抱怨说有一只猫被困在自家前院树上的老太太说"不"。相反，该部门会派出一辆巡逻车去处理。然而，在我们的所有公共机构中，警察部门可能算是目标最明确、对优先事项的理解最清晰的部门了。

相比之下，卫生、教育及福利部[⊖]或住房与城市发展部[⊜]等内阁部门的庞大官僚机构被大量漫无目的的项目严重分割，以至于尽管雇员众多，但很少有项目配备了足够的人员来获得成果。

设定优先事项在政治上存在困难，因为每个项目都有自身的支持者。因此，设定优先事项需要很大的勇气，但这毕竟正是联邦政府总统或私营企业

⊖ 卫生、教育及福利部（Health, Education and Welfare），美国联邦政府的内阁部门，1953～1979 年存在。——译者注

⊜ 住房与城市发展部（Housing and Urban Development），美国联邦政府的内阁部门，1965 年组建。——译者注

首席执行官之所以获得薪酬的原因。

第三，提高组织有效性最严格、最新颖但也最重要的前提是有组织地放弃。

政治哲学主张，政府的任务是永久的且决不能被放弃的。政府把自身限定在国防、司法、维护国内秩序等基本职能上，可能是有道理的。当然，那个时代早已成为历史，然而这仍是我们运作政府的方式。现在的基本假设应该是，像任何其他人类活动一样，政府所做的一切都可能在短时间内变得没有生产率或过时。相比于那些有生产率的、成功的活动，要继续开展这些活动需要付出无限多的努力。

政治哲学也一直主张（尽管不那么坚定），成果和绩效不是衡量政府项目的合适标准。这些衡量标准属于经济层面，该层面假定付出努力是为了取得成果。当政府的努力产生的绩效和成果令人失望时，人们往往认为，这只是表明需要付出更多努力，投入更多资金，因为"邪恶力量如此强大"。

例如，反垄断者显然相信，他们的努力产生的成果越少，就越应该付出更多的努力；对他们而言，缺少成果并不表明反垄断方法不当，而是表明阴谋和邪恶势不可挡。某些国家的产业结构与美国没有太大不同，但它们几乎没有反垄断措施，它们的经验不会影响那些坚定的反垄断者，就像世界上其他地方的性行为统计数据不会对站在布道坛上大声反对通奸的清教徒有什么影响一样。

但即使最坚定的道德家也可能承认，当今的政府活动大多是经济活动。在经济活动领域，用成果衡量某项活动是适当的，管理者关注成果也是适当的。

因此，应该要求政府机构在管理项目或活动时，每开启一项新的，都要先放弃一项旧的。缺乏这种政策可能是过去 20 年来新的努力成果越来越少的原因。新项目很可能是必要的，甚至是周密计划的，但其执行不得不委托给可用之人，而不是交给陷在那些没有产出且已过时的工作当中不得脱身的经验丰富之人。

卫生、教育及福利部或食品药品监督管理局的大量项目，在它们的目标已经实现之后，显然有必要予以取消。在很大程度上，我们当前的"福利乱局"是因为仍维持着经济大萧条[⊖]时期曾获成功的福利项目。20 世纪 60 年代，每当出现一个新的福利问题，我们便胡乱求诸旧的项目，不顾这些旧项目的设计初衷与现在的需要完全不符。

新政时期的大部分农业项目应该放弃。我怀疑，1935 年设计的社会保障项目也属于这一类。那时的社会保障项目现在因为美国人口出现深刻变化而变得不合时宜——这些变化指的是人口预期寿命的大幅提高和雇主出资的养老金方案的兴起。食品券项目很快就变成了一种不当的福利方案，严重限制了穷人的支出，而不是增强了他们的购买力。我们的多数住房补贴项目可能也属于这一类。

上述是提高政府绩效的前几个步骤。这些远远不够，但就算是要迈出这几步，官僚机构和既得利益集团设置的政治障碍也将异常巨大。尽管如此，现在公众和立法机构都支持"日落法"[⊜]，它规定了政府机构和项目的自动终止时限。并且正如卡特先生在竞选中正确指出的那样，现代政府的第一需要就是使政府工作更有效。这甚至可能是现代政府得以生存的必要条件。

（1977 年）

⊖ 经济大萧条（Great Depression），特指 1929 年始于美国，后蔓延至整个资本主义世界的经济大危机。——译者注

⊜ 日落法（sunset laws），也称日落条款，是规定某政府项目、机构或法律在特定日期后自动终止的法律条款。——译者注

工会化的衰退

在 1945 年，几乎 40% 的美国劳动人口加入了工会。到 1977 年，该比例已经下降至 26%。（1981 年注：在 1981 年已下降至 20% 甚至更低。）

1945 年，几乎所有工会会员都在私营部门，而私营部门工会化的比例接近 50%。从那以后，在政府、医院、学校等公共服务机构的从业人员中，工会会员的数量大幅增长。

现在，私营部门中最多 1/6 的雇员是工会会员，并且工会会员主要集中在成熟产业中，甚至是夕阳产业中。（1981 年注：在私营部门中，工会会员人数现在已回落到 20 世纪 30 年代大规模工会化浪潮前的水平。）

公共部门中工会会员人数仍在增长。但很明显，这正遭遇来自纳税人和公共服务雇主越来越大的阻力。尤其是，鉴于地方政府面临严重的财政危机，公共服务部门工会能否保住最近的收获，特别是在工作保障和退休金方面的收获，这是值得怀疑的。

与此同时，传统私营部门工会会员的情况也在迅速变化。例如，新的体力劳动者通常比其他人群的受教育程度更低，且不比被其取代的前辈受教育程度更高，这是美国一个长期趋势的惊人逆转。

受过学校教育的年轻人会继续读大学或社区学院[⊖]，大多不会再投身传统蓝领工作。那些还愿意从事蓝领工作的，是在参加工作前就认为自己是"失败者"的人，他们会变得相对好斗。他们对工会"事业"的忠诚度也远低于老一辈的工会会员。

工会的领导层即将出现更替。传统领导人中的"年轻"人，也已经六十多岁。而且，随着工会的相对力量的持续弱化以及领导权的不断削弱，工会掌握的政治权力在减少（当初卡特政府和国会的当选都有赖于隶属工会的工人，如今工会却对政府和国会都令人吃惊地无能为力），公众认可度也在下降（每项民调都显示，公众对工会的信任度低于对任何其他机构的信任度）。

鉴于这种不信任、挫败和工会近乎绝望的感受，我们可以预计未来的劳资关系将会非常棘手。

但与此同时，议题也在变化。工会将继续追求"更多"，但也将追求"不同"。

就业保障显然是一个正在浮现的核心议题。在 1975 年的那一轮合同谈判中，钢铁工人工会在为会员争取终身雇用方面取得重大进展。在私营与公共部门就业方面，这个总体目标将日益成为劳工运动的构成部分。

随着终身雇用及其各种变体的出现，管理层有责任为那些旧岗位因技术

⊖ 社区学院（community college），两年制，主要由美国的地方税收支持。社区学院提供较低级别的高等教育，授予毕业生副学士学位，学生毕业后可转入四年制大学完成本科教育。——译者注

变革而被改变或取消的工人找到新岗位。这将需要一种人力规划，迄今为止，这种规划在美国产业界尚无人知晓（但在日本和瑞典早已司空见惯）。

接下来还有工会的保障议题。工会领导人不只是为会员的岗位而斗争，也为自己的岗位和工会的生存而斗争。

美国产业界新增的岗位没有出现在传统工会所处的行业中。新岗位不在大规模生产行业中，也不在建筑这样的工艺行业中。因此，传统工会自认为被排挤到了一边，面临消亡的危险。毫无疑问，这将导致各工会之间发生管辖权冲突，它们都试图从一个日益缩小的蛋糕中争得更大的一块。但这也将越来越导致工会要求冻结就业人数、冻结技术、冻结管辖区。

或许涉及就业保障的最困难也最重要的议题，是由美国劳动力的人口动态造成的。现在绝大多数达到退休年龄的，都是蓝领工人或受教育程度有限的低级文员，这一点说得再多都不为过。进入劳动力大军的多数年轻人受过高等教育，因此不容易从事装配线上、卡车驾驶室里、销售柜台后的传统工作。

此外，进入劳动力市场的人数（年轻黑人除外）将在 20 世纪 80 年代初下降 30%（这是 20 世纪 60 年代初开始的"生育低谷"造成的结果），因此在蓝领工人和办公室职员退休后，我们将面临严重的人员短缺。

与此同时，由于 20 世纪 50 年代末开始的人口爆炸，发展中国家现在需要在制造业和出口行业为已成年的大量年轻人找到就业岗位。

因此我们面临的形势是：无论支付多少工资，美国都将无法找到足够多的人从事传统工作，于是不得不把劳动密集型工作外包给发展中国家。我们将不得不日益向着根据生产阶段开展的国际分工方向发展。这当然会威胁到国内这些产业中剩余的工人。

这方面最典型的例子是大约 5 万名制鞋工人，他们多数上了年纪，并且几乎聚集在一个小地区，其工作正遭受进口产品的威胁。然而，我们又不可能在美国找到足够劳动力来生产所需的鞋子。

钢铁业也大致如此，美国的这个劳动密集型产业已被高度机械化的日本钢铁业和有廉价劳动力的发展中国家（例如韩国）的新型自动化钢铁业包抄。

如果我们接受（就像我们将要做的那样）终身雇用的原则，那么如何处理这种情况？保护主义是显而易见的答案，但显然是错误的解决方案。除了在非常短的时间内，保护主义将无助于工人或雇主。因为保护主义只有在一个产业正在成长时才有用。在其他情况下，保护主义在很短时间内就会损害产业和经济。

与此同时，显然公共政策不会对确实存在的困难无动于衷。大体上，遭受国际经济中"生产共享"威胁的工人，是那些不容易再培训或换工作的年长工人。这应被视为一项国家义务（尼克松政府采取的方法），还是一个产业难题（钢铁工人和汽车工人如此看待）？无论如何，这显然将成为一个重大的劳资难题。

此外，不符合任何传统模式的工作群体的迅速增长带来了若干难题：由于固定年龄退休政策正迅速消失，已达通常认为的退休年龄的年长工作者仍在继续工作。还有，越来越多的年长已婚女性正加入劳动力队伍，她们越来越需要兼职而非全职工作。这些群体的权利、福利、义务问题尚未得到处理。例如，如何处理其资历和晋升问题？

这些都是最终肯定会出现的议题，但劳资双方都尚未做好准备。而且，还有其他议题，其中包括确定薪酬指数以抵消下面这个现象的影响：通胀会自动把雇员推向更高的税级，从而大幅减少雇员的可支配收入。还有，需要解决工会在董事会和雇员养老基金理事会中的代表问题。

问题不在于这些议题是否将出现——这些议题已经出现。问题在于管理层是否将像过去数十年那样，把主动权完全交给工会。该问题的答案将在很大程度上决定未来的劳工关系和劳工政策。

（1977 年）

医疗保健的未来

卡特总统在 1978 年秋宣布了重大医疗保健立法的"原则"。但未来的美国医疗保健体系现在正在形成中，且不会受益于立法。无论卡特先生的建议是什么，都是"没有成功机会的事"。国会为此举行了好多天的听证会，会上证词、研究与报告的堆积如山。但若说这些东西真的产生了什么的话，那就是寓言中可笑的、小小的老鼠。

个中原因甚至不是对政府新项目费用的抵制，而是公众并未施加压力要求开展重大的医疗保健改革。

如果说美国人民对医疗保健交付体系不满意，这根本不是真的。在任何调查中，绝大多数人（90% 左右）都声称自己"很满意"或"非常满意"。我最近听到一位杰出的参议员在演讲中声称，美国人觉得自己"在承受'按服务收费'[⊖]体系的惊人费用"，这更不是真的。

⊖ 按服务收费（fee-for-service），一种收费模式，是把提供的服务拆分，根据其中每个项目单独计算收费。这会激励医生提供更多而非更优的服务。——译者注

医生和医院很大程度上立足于"按服务收费";但病人并非如此。20 个美国人中有 19 个人(即人口的 95%)享受某个预付费用的健康计划,并且不为接受的服务付费。事实上,这可能是医疗费用如此难以控制的原因之一。

我们多数人都参加了基于就业的医保计划,其余的人则参加了联邦医疗保险⊖或联邦医疗补助⊜。我们多数人既不知道也不关心个人的医疗保健保险费用。在大多数情况下,个人的医疗保险被认为是免费的,也就是说,与一项全国医疗计划一样,其费用是通过强制性征税(即对实得税前薪酬和税前收入进行征税)筹集的。

我怀疑,我们仍在谈论一项全国医疗服务计划的唯一原因是,参议员爱德华·肯尼迪⊜希望自己的名字能出现在一项重大的国家立法中(这是可以理解的)。即使那些在肯尼迪的提案上签字并为之作证的工会,对此最多也只是持冷淡态度。我曾和一些工会官员和工会工作人员交谈过,他们全都表示,希望医疗保健福利仍是一个可讨价还价的议题,而如果制定了全国性的医疗服务法律,覆盖了所有的人和所有的事,当然就不能再讨价还价了。

实际上,鉴于增加工资和提高税收所遭遇的阻力,多数工会领导人(甚至为数更多的工会的顾问)把医疗保健福利看作未来几年工会**唯一**可能有所收获的领域,并把在此议题上讨价还价视作美国工人运动赖以存在的基础。

当政客们还在假装斗争时,未来美国的医疗保健体系(至少覆盖 95% 人口)正在迅速形成,并且能够以非常高的概率进行预测。该体系将在三个

⊖ 联邦医疗保险(Medicare),美国的一项国家医疗保险计划,设立于 1966 年,主要为 65 岁及以上的美国人提供医疗保险。——译者注

⊜ 联邦医疗补助(Medicaid),美国的一项由联邦和州共同提供经费的医疗保健计划,为某些收入有限的人提供医疗费用协助。——译者注

⊜ 爱德华·肯尼迪(Edward Kennedy,1932—2009),美国政治人物,1962 ~ 2009 年担任马萨诸塞州的联邦参议员,其兄长之一是第 35 任总统约翰·肯尼迪。——译者注

方面不同于现有体系：医疗保健费用的覆盖范围，医疗保健交付的多元化，以及医疗标准和医疗保健费用的有组织的控制和自我控制。

美国享受重疾保险的人现在只有不到 60%，要不了多久就会达到约 3/4，而 10 年后将达到 95%。重疾赔付不会有上限，也就是不会有超出某个最高限额保险就不再赔付的情况。除了在合同中，现在实际上没有这样的最高限额。正如每家医院都知道，重疾保险不覆盖的费用是不能收取的。

尽管费用超出上限的可能性很低，但人们对这种可能性的恐惧是真实的。然而，我们可能会看到对相当高的免赔额[⊖]（重疾赔付的最低限额），以及取决于特定数额或被保险人家庭收入特定百分比的某些共同保险特征的极度强调。或许我们将看到政府对 5% 的非受保人群的重疾费用予以再保险，这最早由艾森豪威尔总统在 30 年前提出。

5 年后，2/5 的人口（大型公司员工和政府雇员）将享受处方药费用的保险，同样，每个家庭每年可能有 100 美元免赔额。更重要且更昂贵的是，到 1990 年左右大约一半美国家庭将享受牙科保险，并且到 1995 年绝大多数家庭都将享受。到那时，三种最常见医疗器械（矫正视力的眼镜、助听器、假牙）的费用保险也将覆盖大多数人。

扩大这些覆盖面的手段将不是法律，而是各雇主与雇员之间的合同。然而我相信，除了需要住院治疗的真正精神疾病外，大多数合同都不会覆盖情绪问题。心理疗法的成本太高，并且不可能加以控制。尽管"专家"断言"3/4"的美国人患有情绪疾病，但人们对心理疗法效果的信心可能已达顶峰，并可能非常迅速地下降。

⊖ 免赔额（deductible），某些保险合同规定在一定限度内的损失不予理赔，免赔额是保险人不负赔偿责任的最高损失额度。——译者注

当前关于医疗保健交付的讨论，多数是在单独执业的医生和健康维护组织⊖（由围绕某个中心地点运作并拥有自己的医院的一群医生组成）之间做出选择。但未来美国的医疗保健体系将包含三个平行且相互竞争的交付渠道：私人医生、个体医生协会、健康维护组织。

10年后，医疗保健交付的主体仍会是私人医生，尽管他们越来越多地采用所谓的联合执业形式（其实这是个错误的称呼），即共享办公室、办公室工作人员与实验室。其次是个体医生协会。某些区域的雇主将会在医疗总监或顾问的帮助下，共同制定医疗服务的标准和收费水平。同意这些标准和收费水平的医生，就由个体医生协会推荐给雇员。

本质上这是在整个德国已经良好运行80年的体系。它既保留了病人的选择自由，又提供了成本和质量控制手段。这样的计划已经在美国存在，并且其实施范围正迅速扩大。

而健康维护组织将只在政府规定的范围内增长。我过去曾经是健康维护组织的一名狂热拥护者，尽管它在华盛顿有许多狂热拥护者，但它很可能是一个已过时的想法。个体医生协会做了健康维护组织做的所有事情，但没有后者的局限，即缺乏对医生的选择和永久性医患关系。健康维护组织唯一的成本优势，在于能够把病人集中在一个统一管理的医疗保健场所。但在美国这样的分权化国家，随着越来越多的女性离开丈夫和孩子外出工作，这根本不再是一个优势。

个体医生协会的巨大优势在于，对标准的监管将保留在医务界内部。个体医生协会的负责人及其医务委员会决定哪些医生将获准为用户执业。

由于医疗事故诉讼和政府压力，医院执业医生之间进行的同行评议正在

⊖　健康维护组织（HMO），一种通过向会员收取固定年费而提供医疗服务的医疗保险组织，相比于其他保险计划的好处主要是费用低廉。——译者注

增长。蓝十字（Blue Cross）和其他保险公司以及雇主和大型工会对医院成本的系统评估甚至来得更快。10 年后，大型雇主、政府机构、个体医生协会、医院将以典型的美国方式（无序的和分权的方式）共同决定医疗标准和费用。

相比于任何其他国家，美国的医疗保健体系更昂贵，这根本不是真的。实际上，根据国民总收入和家庭收入衡量，美国的医疗保健体系可能算是比较便宜的了。流传的有关其他国家医疗保健体系成本更低的数据纯属捏造，例如，英国国民健康服务[⊖]的真正成本并非"不到国民生产总值的 7%"，鉴于英国人在弥补医院床位短缺方面的花费几乎和他们在现有医疗保健体系运作方面的花费一样多，而且越来越多的英国人参加了私人医疗保险计划，所以真正成本接近国民生产总值的 12%。

美国的医疗保健费用比其他国家增长得更快，这根本不是真的，例如瑞典和联邦德国的增长速度就比美国快得多。美国人比其他国家的人更多地使用医院，这也根本不是真的。在每个欧洲发达国家，每千人的住院率都高于美国，住院时间更长，并且其中多数国家的每日住院费用更高。

医疗保健费用尤其是医院成本比美国任何其他主要项目增长得更快，而且比通胀速度还快，这甚至也可能不是真的，或许仅仅那些由政府强制执行的费用（如联邦医疗补助）的增长速度更快是真的。

换句话说，每次调查中绝大多数美国人都声称对医疗保健体系"相当满意"，并且公众并没有对保健制度进行较大改革施加什么压力，这是有充分理由的。

（1978 年）

⊖　国民健康服务（National Health Service），英国公费医疗体系的总称，1948 年推出，资金来源于一般税收，最初的原则为：服务应该是全面的、普遍的、免费的。——译者注

冗余雇用[⊖]的教授

如果不进行重大政策变革，高校教授可能在几十年后成为濒危物种，并且工会化和政治游说对其所能提供的帮助，可能不会多过它们对保护无烟煤矿或铁路曾经提供的帮助。

为了自身利益，高校教师需要在三个领域有根本性的新政策。他们需要一种有效的替代品，以取代弄巧成拙的终身教职政策。他们需要系统的人员开发，从而能够在未来的机会中受益。他们还需要有组织的安置，让普通中年教授从事学术以外的工作和职业。但最重要的是，教师需要管理——或者是自行的管理，或者是由行政人员进行的管理。

教授们抵制得最坚决的身份变化，可能是终身教职制度的任何变革。但终身教职将日益成为一种威胁，甚至对终身教师他们本身也是如此。它不仅

⊖ 冗余雇用（featherbedding），指雇用的人数超过了完成工作所需的数量，或为了额外雇用人员，采取一些毫无意义、复杂且耗时的工作程序。——译者注

不会保护教授们免受变革影响，而且会使其掉入陷阱。如果不改变终身教职政策，高校将很快无法招聘新人。这反过来只会加速研究生入学人数的下降，从而产生削减教师人数和薪资的更大压力。但与此同时，在未来 20 年或更长时间里，高校教师群体将会老化，并且任何不能自我更新的群体都会停滞、陈腐，最终腐烂。当前的终身教职政策使高等教育成为一个衰落的产业，并最终成为一个垂死产业。高校可能成为知识产业的"铁路"。

当前形式的终身教职甚至不能保护已享有终身教职的教师。如果没办法根据入学人数和收入的变化来调整教师的工作（这是当前终身教职政策所暗示的），那么只有三条路可走。

第一条路是持续压低薪资，尤其是持续压低绝大多数教师（45～50 岁刚刚称职的教授）的薪资。哪怕认为对立法机构施加政治或工会压力可以减缓教师收入的下降，都是自欺欺人；政治上对教授的同情微乎其微，并且教授确实不应比任何其他冗余雇用人员获得更多同情。

第二条路是高校行政部门关闭某些院系，以及取消某些研究领域。一所高校可能有足够的学生来组成一个配备三四名教师的美术系。但如果该系有 9 位教授，且都是终身教授，那么唯一的调整方法就是撤销美术系。并且如果法院裁定这违反了赋予人们工作权利的终身教职政策，那么我们可能会看到大量机构的关闭，且绝不仅仅是小型机构。

第三条路是与教授们签订一系列合同，合同期可能依次为三年、三年、五年、五年、五年，如果合同没有续签，那么自动延期一年，这样他们就有充裕的时间去寻找其他工作。签订合同的决策必须经由正规的程序做出，这意味着不仅教师要参与，外部人员也要参与，包括其他机构受人尊敬的杰出教师，且最好是其他学科的教师，也可能是非专业人员，尤其是校友的参与。只有续签五六次合同后（那时这个人可能已经 50 多岁），授予其终身教职才算恰当。

高校教师也需要有组织的人员开发。他们需要为将来的机会做好准备。因为我们可以预期，高校中入学人数会大幅增长的是两个领域：已受过高等教育的成年人继续教育，包括专业教育和普通教育；社区学院。但年轻的大学教师现在不被鼓励利用这些机会为自己谋一份工作。在成年人继续教育项目中工作过的任何人都知道（无论是高级管理项目还是人文学科项目，并且我在这两种项目中都工作过），绝大多数教师，即使是有能力的人，也没法胜任这项工作，他们会遭遇失败，且不得不被撤职。他们不懂得如何教学，尤其是不懂得如何教导成年人。他们的专业知识非常狭窄，以至于在有经验的成年人看来，他们几乎是文盲。在社区学院中，同样需要把学科内容同经验、应用、学习结合起来的能力，尽管程度低得多。

高等教育领域的奖励和激励体系促进了专业化和相互隔离。当前，尽管刚开始时这对教师个人来说是正确方向，但考虑到未来的机会，这对其发展和就业能力而言将越来越成为错误方向。为获得成功、升职、加薪，大学教师将不得不有能力在有机会的地方任职，即成年人高等继续教育领域，或者社区学院领域。

换句话说，教师需要系统开发。在学术生活中，需要采用现在知识产业中所有其他就业领域的标准做法：专业人员根据自己的愿望、能力，根据职业、雇主、市场、社会的需要和机会，系统地自我发展。具体而言，这意味着让大学年轻教师接受自己专业之外的教学和研究工作的挑战，让他们面向不同类型的学生开展教学和研究，并且给他们提供学习机会，尤其是学习一些教学方面的知识。

如果学界缺乏有组织的个人自我发展，那么随着就业、晋升、收入这些方面机会的变化，我们可能看到强加的效率和强制的一致性。我们不会考虑个人并思考"他们的优势和愿望是什么，他们面临的最大机会是什么，他们的最大需求是什么"，而是很可能匆匆忙忙地进行标准化培训。正因为高等教育的优势在于多样性以及个别的、非常独特的贡献，所以教师需要一种有组织的、有方向的开发工作，这项工作既聚焦教师个人的优势和愿望，又聚焦高等教育领域的机会。

最后，相比于知识领域中任何其他的群体，学界同样需要甚至更需要有组织的安置。处于职业生涯中期的、45 岁的中年教师尤其需要加以安置，在许多情况下，他们的自我利益要求将其安置在学界之外并从事其他工作。

到 40 岁出头或 45 岁左右时，教师通常已经有了 20 来年的学术生涯，并且通常没在任何其他环境中工作过。到那时，多数教师都已经完成了研究，写完了打算撰写的著作。超过这个年龄后，只有极少数一流教师还能保持高产出率。可以肯定的是，这些保持高产出率的学者和教师，是谈到历史学家、人类学家、冶金学家时，人人都会想到的人，但他们的数量确实非常少。实际上，其余教师已经陷入无聊状态。他们熟知自己的领域，但不再感到兴奋。他们需要一个不同的环境、一项不同的挑战、一种不同的职业。他们需要"挪动"。

这些中年教师远未精疲力竭，只是感到厌倦了。一些常见的补救办法，例如离婚并和某位 19 岁的大学生交往、嗜酒、去看精神分析师，治不好这种弊病。这个有能力但感到无聊的人，除非找到新的挑战和新的环境，并且换一份工作和换一批同事，否则很快就会开始不可逆转地堕落。

教授们需要有组织的安置，找到外部机会（无论是在政界、产业界，还是在专业工作场所），并获得帮助抓住这些机会。在入学人数和预算不断减少的时期，这也是恢复高等教育对年轻人吸引力的最佳途径。

其他行业很久以前就已认识到，不得不安置从业人员。年轻律师、会计师、管理顾问无论表现得多好，如果到了 35 岁左右，他们看起来不是合伙人的恰当人选，也就是缺乏完成客户委托的任务或发展新客户的能力，那么就会被公司安置到其他位置。10 年后，这些行业的高层会再次审视他们的合伙人，并把那些无法成为高级合伙人的成员安置到其他位置。尽管这不是一项合同规定的义务，但会计师事务所或管理咨询公司的安置工作会确保员工能够获得一份有吸引力的且符合个人能力、需要、人生阶段的工作。

高校教师也有这些需求。然而，这些解决方案并不容易同传统的"学者"概念（无论是联邦德国的"教授先生"[⊖]还是英国的"先生"）相融。但当前美国的高校教师已不再符合那种欧洲模式。之所以存在 50 万个左右的教师岗位，仅仅因为高等教育已成为一种职业，并且是一种非常庞大的职业。但即使高等教育已成为大众教育和大规模行业，我们也必须采取行动维护学者的本质：自由、自我指导、领导角色。否则，20 年后高校教师在地位、自尊、影响力、社会角色方面都将成为普通雇员，犹如学历虚高、薪酬缩水的初级中学教师。

（1979 年）

　　⊖　教授先生（Herr Professor），德语中对高校教师和学者的尊称。——译者注

1990 年的学校

在未来 10 年中，美国面临的最大基础设施挑战，不是需要投入数十亿美元资金的铁路、公路、能源领域，而是从幼儿园直到博士和成年人研究生项目的教育体系。这需要的是比资金更稀缺的东西：思考和冒险。

挑战不在于扩张。相反，过去 30 年的入学人数爆炸性增长已经结束。到 1978 年，超过 93% 的进入劳动力市场的年轻人至少受过八年级教育。因此，即使出生率再有所上升，小学、初中、高中的入学人数也几乎不可能增长。

研究生院和专业学院仍然充斥着"婴儿潮"时期出生的最后一批人。但到 1985 年，这些学生将被人数更少的年龄群体接替，即 1960 年开始的"生育低谷"时期出生的人。入学人数一定程度的减少肯定会发生。

学校中过去 30 年发生的社会剧变也结束了。在许多的大都市地区，校车接送学生仍将是一个高度敏感的议题。人们仍将努力利用学校把女性引入像工程学这样的在传统上被认为是男性专属的领域。不过，这种转变在许多领域已经完成：现在商学研究生院会计学专业的学生中，有一半甚至更多是女性。对于多数其他社会议题，美国将不再尝试利用学校来推进社会改革和重建。政策制定者越来越清楚地认识到，学校不能解决更大社区里的所有难题。

相反，20世纪八九十年代对人的要求将是绩效和责任心。30年来，雇主雇用毕业生是按文凭而非能力，就业、薪酬甚至晋升都取决于文凭。现在，许多大雇主开始不再仅仅要求学历。例如，某些大银行正在考虑开展入职考试，以此检验申请管理培训生岗位的毕业生掌握的知识和具备的能力。

学生和家长也将要求各级学校承担更大的责任。实际上，无论教师工会多么凶悍，由于教师岗位仍然稀缺，教育的顾客（父母、学生、校董会）都将占据上风。对学区$^{\ominus}$和高校提起诉讼的情况将越来越普遍，因为它们只授予学位而不传授与之相应的技能。许多年轻人已转向实用的"硬"学科。他们不关心年轻人文化和媒体的咒语，已经在从心理学转向医学，从社会学转向会计学，从黑人研究转向计算机编程。

对教育的需求实际在上升而非下降。正在下降且迅速下降的，是对传统学校开展的传统教育的需求。

实际上，当今美国增长最迅速的行业可能是面向受过高等教育的、处于职业生涯中期的成年人专业进修教育。大量的这种教育都是在教育机构之外开展的——通过为管理人员和专业人员开设课程的公司、医院、政府部门，或者通过管理协会和行业协会。与此同时，许多私营企业家正在组织研讨会和课程，制作培训录像和录音带，并利用大学教师所回避的增长机会。

$\ominus$　学区（school district），美国的地方教育行政区域，由一个地方教育行政机关管辖的整个地区即为一个学区，具体分为两种类型：一种是学区与普通行政区合一，如镇学区、市学区；另一种是专为教育划分的独立学区。——译者注

对继续教育的需求并没有呈现为多数观察者（包括本文作者）最初预期的形式——为想要学习人文、艺术、"精神生活"⊖的成年人开设关于"伟大著作"（Great Books）的课程。相反，我们面对的是对高级专业教育（工程学和医学，会计学和新闻学，法学、行政学与管理学）几乎无法满足的需求。

然而，回来学习这些课程的成年人也需要专业学科教师很少能提供的人文视角，这种人文视角可以把高级专业技术知识融入更广阔的经验和学习体系。由于这些新学生也需要非常规的教学时间（晚上、周末，或者把一个学期的课程压缩为高强度的两周课程），所以他们的学习需求对学界构成了一种模糊但严峻的挑战。学界的标准回应（成立一个新系并为之设立一个新博士点）简直就像在新的汽车市场上重新设计马车鞭子以获取领导地位。

教育工作者面临的最大挑战，可能来自我们实现多样性的新机会。我们现在有机会应用过去 100 年来心理学发展和教育学研究的基本发现，也就是没有一种教育方法适合所有的孩子。

几乎所有年轻人（显然年长的人同样如此）都能够在一段合理时间内达到同样的标准。例如，除了少数婴儿外，其余所有婴儿都能在两岁时学会走路，三岁时学会说话。但就像父母们长久以来知道的那样，没有哪两个孩子是以完全相同的方式学会走路和说话的。

在更高的层次上同样如此。有些孩子靠死记硬背学得最好，他们生活在具有高度确定性和严格纪律的结构化环境中。还有些孩子在结构化程度较低、氛围宽松的进步学校中能够茁壮成长。有些成年人从书本中学习，有些从实践中学习，还有些通过倾听学得最好。有些学生每天需要规定数量的信息，有些则需要挑战、"广阔的视野"、对自己功课的设计高度负责。但太长

⊖　精神生活（life of the mind），来自汉娜·阿伦特的未竟遗作《精神生活》。——译者注

时间以来，教育工作者坚持认为，存在最佳的教学和学习方式，尽管他们对这种方式具体是什么存在分歧。

一个世纪前，绝大多数美国人居住的社区都很小，以至于学校只有一间校舍，小孩们步行就可以到达。那么就不得不有一种适合每个人的学习方式。

现如今，美国（以及所有发达国家）的绝大多数学童都居住在人口密度非常高的都市区，以至于在每个孩子步行或骑自行车能到达的范围内多半有三四所小学、初中甚至高中。因此，对某种"学券"系统的需求将越来越大，这种系统能让学生及家长从彼此竞争的学校所提供的不同学习路径中做出选择。

实际上，竞争和选择已经开始渗透到学校系统中。在其他地方学费上涨、入学人数下降的时期，基要派和福音派学校及高校表现出惊人的繁荣发展能力。当然，所有这一切对公立学校体制而言都是令人憎恨的。但经济状况、学生需求、对人们如何学习的新理解，注定会打破传统教育的垄断，就像卡车和飞机打破铁路的垄断，以及计算机和"芯片"打破电话的垄断一样。

在接下来的10年或15年中，我们几乎肯定会看到对学校的强大的压力——要求学校为深入思考每个孩子适合哪种学习方式承担责任。几乎可以肯定，我们会看到来自家长和学生的同样强大的压力——要求注重成果的教育，并在为各个学生设定目标方面承担责任。在本科教育、研究生或专业教育之外，受过高等教育的、处于职业生涯中期的成年人专业进修教育将成为第三层次的教育。最重要的是，人们的关注点将回到作为"知识社会"核心资本投资和基础设施的学校与教育。

（1981年）

4

第四部分

工作的人

THE CHANGING WORLD
OF THE EXECUTIVE

有史以来，人性没有多大改变。但人的技能和知识、工作和岗位、期望，以及人的寿命和健康确实发生了变化，且能够非常迅速地变化。在过去的 30 年间，没有哪个领域（包括技术）发生的变化大过劳动力发生的变化；在 20 世纪剩余时间里，没有哪个领域将要发生的变化会大过或者快过劳动力（包括劳动力的构成、工作习惯、工作寿命）的变化。

"人是我们唯一的资源"成为管理口号已经至少有 80 年了。但真正重视这种资源的管理者实在太少了。第二次世界大战战败后的日本是为数不多的例外，并且这是该国当前取得成功的重要秘诀。总体而言，管理者往往看到的是自己心中已有的劳动者形象，即 20 世纪 20 年代福特式装配线上的劳动力，而非当今的知识工作者。当提到"工作者"时，他们往往想到的是 20 ～ 65 岁、操作机器且在某个固定岗位全职工作的成年男性。然而，当前美国的劳动力超过一半是女性和 65 岁以上的人，其中很多人从事兼职或间歇性工作。而且，到 20 世纪末，机器操作员在所有发达国家劳动力中的占比都将跌至不到 10%。

总体来看，我们已经进入雇员型社会。在所有的发达国家中，国民收入的 80% 或 90% 都以工资和薪资的形式支付。雇员正直接（例如通过养老基金）或间接地迅速成为资本的主要所有者和资本的决定性来源，而且"岗位"而非土地所有权，已成为真正的"生产资料所有权"。

抛弃 19 世纪的成就

我们正忙于抛弃 19 世纪改革者取得的两项最值得骄傲的社会成就：已婚女性待在家里不外出工作，无偿地把自己奉献给家庭和孩子；老年人退休。

在历史上，女人的劳动参与总是与男人相当——都是从能够工作时开始，直到干不动为止。无论是农场还是工匠的作坊都不能由男人或女人单独打理，它们都需要一对夫妻来运作，并且直到近期，除了极少一部分人，其余所有人都在农场或工匠作坊中谋生。迟至 19 世纪中叶，也就是狄更斯撰写描述工业化英国的悲惨小说《艰难时世》(*Hard Times*)（该小说于 1854 年出版）时，希望在遥远未来的某一天，已婚女性无须被迫抛开孩子去工作仍只是一个乌托邦式梦想。到了 1914 年，这已成为"有自尊心的工作者"的标志——"他的女人"无须为工资而工作。而到了 1950 年，也就是仅 30 年前，几乎不言自明的是，除极少数经济状况极好或极差的女人外，其余女人会在结婚后，以及（当然）会在第一个孩子即将出生时停止工作。事实上，直到 30 年前或仅仅 20 年前，让女人摆脱从事有偿工作的必要，这是"进步的"要求，并在很大程度上意味着"女性解放"。没有任何事业能像立法保护女人免于从事"危险的""有辱人格的"工作和职业那样，得到自由主义者、进步主义者、社会主义者以及形形色色改革者的全心全意的赞同。例如，我们仍然可以说，这曾是埃莉诺·罗斯福⊖的一项伟大事业。

如今，毋庸置疑，所有这些都成了反动和歧视。而且，对 50 岁以下的女人来说，无论结婚与否，几乎无论是否抚育孩子，她们的劳动参与率都差不多与男人相当。

30 年前，老年人的强制退休同样是"进步事业"，并且是伟大的"改革成就"。以前没有过退休的人，原因很简单，准备退休的老年人根本不存在。16 世纪晚期以来第一次可靠的人口普查（亚得里亚海的港口城市扎拉⊜1591 年进行的人口统计）显示，在 13 441 名居民中，50 岁以上的有 365 名，占总数的 1/40 多一点；显然没有任何居民超过 60 岁，更别提超过 65 岁了。然而，扎拉以其宜人的气候，以及当地的达尔马提亚人（Dalmatian）的强健长寿而闻名，现在达尔马提亚人仍是欧洲最长寿的族群之一。250 年后，情况几乎没有改变。维多利亚时代最受欢迎的小说之一——安东尼·特罗洛普 1851 年出版的《巴彻斯特养老院》（*The Warden*）⊜，其中有这样一个情节：英国某个主教座堂㉃所在小镇的养老院里找不到 60 岁以上的老年人，因此没人有资格领取养老金。当预期寿命在 19 世纪下半叶开始迅速提高时，赡养

⊖ 埃莉诺·罗斯福（Eleanor Roosevelt，1884—1962），富兰克林·罗斯福总统的妻子、联合国人权委员会首任主席，主持起草了《世界人权宣言》，被誉为"世界第一夫人"。——译者注
⊜ 扎拉（Zara），克罗地亚港口城市，扎达尔旧称。——译者注
⊜ 经核实，《巴彻斯特养老院》出版于 1855 年。——译者注
㉃ 主教座堂（cathedral），原意为"主教的座位"，是一个教区里主教或者领衔主教的座堂。——译者注

那些老到失去劳动能力的人就成为进步事业；退休成为伟大的社会成就，该项成就的顶点是美国 1935 年实施的社会保障制度和 1950 年开始激增的雇主发起式养老金所要求的 65 岁强制退休。但现如今，到龄退休成了一种歧视，这在加利福尼亚州和联邦政府雇员中是完全禁止的，对其他美国人来说，早于 70 岁强制退休也几乎是完全禁止的；毫无疑问，在整个美国，任何年龄的强制退休很快都将成为历史。

但法律远远落后于现实，大量正式退休的人确实在工作，只有他们知道最好不要把这告诉"山姆大叔"。因为对 65 ～ 72 岁的人而言，每年工作所得 5000 ～ 20 000 美元的实际税率是 80% 到 100%（若工作所得低于 20 000 美元，那么每 1 美元中就有 50 美分属于社会保障福利，或者相当于 50% 的实际税负；若工作所得低于 25 000 美元，那么需全额缴纳社会保障供款，雇员承担 7% 左右；对年收入 1.5 万美元以下的老年夫妇，全额所得税平均为 20% 左右；那些为大型组织工作的人通常另付 8% ～ 10% 的强制性医疗保险，还有 8% ～ 10% 的养老金计划供款，两者都对老年人没多大好处）。难怪退休意味着前雇主付钱让其不工作和新雇主付钱让其工作，并且不告诉社会保障部门和国内税收部门。我们并不确切知道有多少人从事第二职业。但据估计，未上报的工作时间高达 1/10，并且在从事第二职业的时间中，正式退休者的工作时间最多。

造成这种惊人转变的若干原因显而易见。1919 年我们首次开始实行强制退休，1935 年我们开始建立社会保障制度，那时的强制退休年龄都是 65 岁。受劳动者预期寿命延长、健康状况改善、带病工作的能力大大提高，以及工作对体力要求的急剧变化（这一点同样重要）等因素的影响，1935 年的 65 岁相当于今天的 74 岁或 75 岁。经济需要也起了重要的作用，例如通胀会对收入固定的退休人员造成压力，尽管社会保障金与通胀的挂钩程度，超过其他任何人的收入（联邦雇员的薪资除外）。但可以肯定的是，就女人和正式退休老年人的劳动参与而言，他们想要工作而不是无所事事，也想要企业带来的刺激和独立，这与经济原因同样重要，并很可能更重要。尤其是在老年人中，一个主要动机是想要独立而不必与子女住在一起，倒不是像流行的论调所说的老年人担心受年轻人虐待，而是他们想尽可能推迟"团聚"和逃避"关心"，享受"善意的忽视"。

但尽管我们几乎已抛弃了19世纪的伟大社会成就，但并非正在回到更早的前工业时代状态。从历史上看，女人尽管充分地分担工作，但从未与男人承担相同的任务。在农场和工匠的作坊中，男女完全平等，但彼此承担不同的任务，很少一同工作。在任何地方，纺纱都是女人的工作；"纺纱工"从来都不是男人。但编织和染色向来是男人专属的任务。在波利尼西亚群岛，男人建造并驾驶船只出海捕鱼；女人犁地并种植番薯。在整个旧世界[⊖]，只有女人挤奶；在新世界[⊜]，只有男人挤奶——无人知晓原因所在。还有，除了神话中的亚马逊女战士[⊜]，女人从未参与过有组织的战争，甚至女护士也只是在19世纪末才进入军队。但在今后的战争中，女人将会参与其中甚至与男人并肩战斗，对这一点还会存在很多疑问吗？

在历史上，男人在一起工作，女人也在一起工作，不过是按性别各干各的。因此，当前我们在各个领域的所作所为代表了一项前所未有的社会试验，这无疑是社会历史上最有趣的试验之一。我们致力于此，但这些试

⊖ 旧世界（Old World），哥伦布发现美洲前欧洲人所认识的世界，包括亚洲、欧洲、非洲。——译者注

⊜ 新世界（New World），这里应该是指美洲。——译者注

⊜ 亚马逊女战士（Amazons），古希腊神话中一个全部由女战士构成的民族。——译者注

验的结果如何，人们在相当长一段时间（几代人而非几十年）内并不能真正知晓。

同样，在历史上，人们尽其所能（通常远超所能）地全职工作。现在，工作与无工作或不工作之间的原有界限变得模糊不清。大量女性从事兼职工作；甚至大量女性会全职工作一段时间，接下来"暂时停止工作"，比如为了生孩子，然后再重新回到劳动力队伍，从事兼职或全职工作。如同男人与女人承担相同的任务，老年人的工作模式在社会历史上也几乎没有先例。现在有了对"一个人工作寿命的控制"，即提前退休，然后全职或兼职返回工作岗位；有了"第二职业"——工作寿命从一个世纪前的 25 年或更短的时间大幅延长到现在的 50 年，使其既成为可能，也成为必要；还有"志愿工作"——经济需要靠养老金支持的老年人从事的工作等。女人和老年人越来越有机会选择工作与不工作、固定工作与临时工作、有偿工作与志愿工作相结合的工作模式。而且，这两个群体加起来已占美国劳动力总数的一半以上，尽管我们在脑海里仍将工作者想象为一名 65 岁以下从事全职工作的成年男性。工作的女人和老年人，并非全都是想工作的；未工作的女人和老年人，并非全都是不想工作的。但很大一部分人（可能是大多数人）想要从事**某些**工作，并且越来越多的人（尤其是老年人）想要能够自己做决定。

雇主、工会领导者、政治人物（说来奇怪，甚至那些学习迟缓者，即经济学家）正开始认识到发生在就业、工作–生活模式、工作时间、福利等方面的上述转变造成的影响。如果有人告诉管理者，某些全职工作岗位需要一直由兼职人员担任，管理者听了不会再感到吃惊。在 10 年前，甚至在 5 年前，福利选择都还闻所未闻，当时实行统一的福利计划，不分年龄、性别、婚姻状况、家庭状况，一律强加给所有雇员。尽管隶属于工会的工人仍然不满，但福利选择正变得日益普遍。每个地方（无论企业还是医院）的营销人员都开始适应这个事实：劳动力领域的上述发展也导致了细分市场、需求、消费、购买模式的显著变化。

但其社会和政治影响是什么？例如，昨天的"进步事业"变成今天的"反动笨猪的担忧"和"歧视"，这意味着什么？或许由于相同的人口变化（这导致女人待在家里并远离工作，以及老年人强制退休成为"压迫的象征"），昨天或今天"进步人士"和"改革者"的其他"神圣事业"将来也会成为"反动的担忧"和"歧视"吗？可以想象，我们正处在一个迅速变化的时期，昨天的"自由主义英雄"一夜之间变成了"反动的防卫者"，其方式或许就像昨天的"进步的工会主义者"迅速变成里根先生的"安全帽"（hard-hat）核心支持者一样。

这对家庭有什么影响？对美国的孩子在家庭和学校中的角色和地位有什么影响？从 19 世纪末 20 世纪初开始，妈妈待在家里带孩子的"资产阶级家庭"向来是社会学家、哲学家、政治人物、传教士最喜欢谈论的话题之一。根据一个人的政治立场，这要么是"文明的堡垒"，要么是"使女人脱离现实的完全异化"。仅仅 10 年前，学生反叛运动的哲学大师赫伯特·马尔库塞[⊖]仍在鼓吹这个最早由福楼拜、卡尔·马克思、易卜生提出的话题。就像"资产阶级家庭"的孩子一样，今天的孩子们完全"脱离现实"，也就是被排除在成年人的工作世界之外。但是妈妈（甚至奶奶）对工作世界的了解就像爸爸一样多，她完全是工作世界的一部分，对它既熟悉又精通。当会计学课程中超过一半学生是女生时，以账都算不清的小女人角色为主角的电视喜剧

⊖ 赫伯特·马尔库塞（Herbert Marcuse，1898—1979），德裔美国哲学家、社会学家、法兰克福学派成员。——译者注

还能续播多久呢？还有当未来的家庭不仅有两份收入，而且有两份平行且分开的事业，也就是"竞争共存"的事业时，这样的家庭会是什么样子？相比于"资产阶级家庭"，我不知道这更好还是更糟，但肯定会有所不同。

最后，那些关于"工作伦理消失"的奇谈怪论有什么用？在每次态度调查都表明"工作伦理"已消失的这几年，劳动力总量以及积极参加工作的和已工作的人占总人口的比例都惊人地上升，而阻碍老年人和女人参与工作的因素也在稳步消除。此处有一个古老的经验教训：在许多社会事务方面，"态度"是次要的，并且"态度调查"是一种陷阱和错觉；重要的是人们做了什么，而不是人们说他们会做什么，两者之间的关联性丝毫不能预测。但更重要的是，回顾历史，过去 100 年（即已婚女性和老年人不工作是"进步事业"的 100 年）似乎确实是"工作伦理"遭到破坏的年代。在过去的 20 年中，我们可以看到，它收复失地，回来了。

（1981 年）

退休政策

65 岁强制退休的政策已注定被取消。现在唯一的问题是，它会以多快的速度被取消，并且所有的迹象都表明，速度会比任何人想象的都快得多。

工会几乎坚决反对任何变化，而企业和政府对改革深感疑虑。然而在 1977 年，加利福尼亚州议会两院通过了一项法案，禁止非政府雇主强制任何年龄的人退休（即使已被写进工会合同）。不久后，一项针对政府雇员的平行法案得以通过，同时通过的还有一项把全国所有其他雇员的强制退休年龄提高到 70 岁的法案。

65 岁的年龄限制早已过时。它首次被提出是在一个世纪前俾斯麦⊖时期的德国，后来在第一次世界大战时期被引入美国。就人们的寿命和健康预期而言，那时的 65 岁相当于现在的 74 岁或 75 岁。

⊖ 俾斯麦（Bismarck，1815—1898），德国政治人物，1862 年担任普鲁士首相兼外交大臣，推行铁血政策，1871 年统一德国并任首相，1890 年卸任。——译者注

因此，65 岁固定年龄退休相当于把大量身体健康、精力充沛的人予以抛弃。他们肯定会反抗，并且现在他们有了取得成功所需的人数——10% 的人口（几乎是 20% 的成年人口）的年龄在 65 岁及以上。

但 65 岁的固定退休年龄也逐渐成为社会保障和雇主退休计划难以承受的重担。

1935 年美国开始建立社会保障时，劳动力队伍中的成年人口与 65 岁以上人口的比例为 10 ∶ 1 到 9 ∶ 1。1977 年，该比例为 3 ∶ 1。到 20 世纪 80 年代初，该比例将达到 2.5 ∶ 1。

如果我们一直坚持 65 岁强制退休的政策，那么现在就业人口工资和薪资的 40% 将不得不用于赡养退休的老年人。到 20 世纪末，这个数字将达到 50%。这远远高过政治上能承受的范围，并且也会给经济带来持续的压力——要求提高货币工资以维持实际工资和购买力。

从劳动力供给和劳动经济学的角度看，取消或提高固定退休年龄的论点甚至更有说服力。在达到 65 岁的劳动力中，80% 左右是受过高中或更低教育的蓝领工人。

进入劳动力市场的年轻人，至少有 50% 受过高等教育，根本不会去从事制造业、采矿业、交通运输业、服务业中那些传统的工作。

或许，除非发生真正的灾难性萧条，否则即使当前的蓝领工人愿意在 65 岁以后继续工作，传统蓝领岗位的劳动力供给也将越来越不足。

但是，尽管改变或取消任何固定退休年龄在政治上和经济上都不可避免，这种改变将造成非常现实的问题。除非得到明智处理，否则它可能给经济带来很高的额外成本，并导致就业和个人流动变得更僵化。

这可能导致严重的劳资纠纷。例如，雇主将不得不制定指导方针，以确定雇员何时达到了不能履行工作职责而必须接受强制退休的地步。

我们将不得不考虑需要什么激励措施来鼓励人们（尤其是蓝领工人）推迟退休。我们已经调整养老金发放标准，留任时间每多一年，养老金就会多出一定金额。尽管可能需要大得多的力度，但私人养老金计划将需要类似的激励措施。

但推迟退休年龄并不能挽救社会保障。我们唯一能指望的是防止进一步的恶化，把工作人口与领取退休金人口的比例保持在 3∶1，或者最多回到 10 年前 2.75∶1 的水平。

推迟退休的人应该享有哪些就业权利和福利？即使退休后可以领取足够的养老金，他们在大规模裁员的情况下是否应该继续拥有资历呢？或者我们是否应该尝试采用日本式政策，把达到退休年龄但仍从事原来工作的人视为"临时雇员"，不再拥有工作保障？

我认为，这些雇员不应有晋升和填补空缺的资历权，在日本也是如此。但当他们不受益于额外缴费时，还应该继续为养老金计划和社会保障供款吗？

此外，他们的健康保险应如何与联邦医疗保险相结合？即使他们的住院和医疗费用已经由联邦医疗保险充分覆盖，并且其中大多数人都缴纳了联邦医疗保险费来支付医药费，但根据多数集体谈判协议，雇主不得不继续为这些人缴纳全额健康保险费用。显然，在这方面需要进行大幅度的改革。

大量提前退休的人很快就会发现，他们想要的只是一个长假。然而，现在这些人再也不能返回到原来的工作岗位了。明智的做法可能是，推出一项允许人们在头六个月选择重返原来工作岗位的退休方案。但在资历、晋升权、福利以及最重要的养老金方面，应该像对待新员工一样对待他们吗？或者应该通过适当的精算调整来将其恢复吗？

最后，取消固定年龄退休政策给管理层和专业人员带来了不一样的难题。此时我们面临的不是劳动力短缺，反而是在未来多年都供给充足。但仅在身体和精神健康方面适合工作往往是不够的。在这些职位上，也需要被"挑战"。正是在这些群体中，我们发现多数"在任"中年人实际上已经退休，等待领取养老金。

我们不能再期待这些人很快将达到 65 岁并退休，65 岁以后他们可能仍然待在工作岗位上。我们将不得不系统地安置他们从事第二职业。如果缺乏这种有组织的、有系统的努力，取消固定退休年龄将在管理人员和专业人员中造成严重问题。

无论是完全取消固定年龄退休政策，还是暂时满足于提高退休年龄，我们都面临令人痛苦的变化，一如 40 年前群众工会主义带来的变化。劳资双方都在假装镇定地告诉对方，很少有人愿意 65 岁以后继续工作。老年人的经济状况和对他们的"生活质量"的考虑都强烈表明，如果仅仅是在超出当前的截止年龄后兼职工作几年时间，那么这个少数群体中非常多的人（甚至可能是绝大多数人）将想要继续工作。毕竟，1910 年的时候，2/3 的 65 岁及以上的美国人确实在工作。

但即使只有少数人选择 65 岁以后继续工作，造成的影响也会非常大，以至于管理层、劳动者、政府官员最好开始考虑这些问题。尤其是，他们应该接受下述事实：在未来，生活（或工作）将在 65 岁时开始。

（1977 年）

第 27 章 | CHAPTER 27

关于六八年人[⊖]的报告

六八年人（校园中反越战示威的群体、芝加哥民主党全国大会期间进行巷战的群体[⊜]）是美国历史上最反企业的群体，也是所有学生中最激进的一代。对吗？

"是的，但……"，六八年人也变成了数十年来最亲企业的一代大学生。

这代大学生比多数先前世代的大学生更多地进入企业工作，即便仅仅由于在他们进入就业市场时，政府和教育部门的职位空缺开始消失。所以正是他们标志着我们在过去 10 年中看到的 MBA 学位数量的急剧增长。而且，相比于 20 世纪 20 年代以来历代人数少得多的大学生，六八年人在企业界向来更成功。

⊖ "六八年人"，泛指 1968 年前后的大中学生，既非 1968 届毕业生，又非 1968 级学生，在中国和欧美国家，许多人曾对"六八年人"进行过研究。——译者注
⊜ 1968 年民主党在芝加哥召开全国大会，成千上万左派反越战示威者云集芝加哥，一定程度上影响了民主党总统候选人的选情。——译者注

随着六八年人的出现，"婴儿潮"世代的第一批婴儿长大成人。他们紧跟着 20 世纪三四十年代出生的人数非常少的那批人而来，所以几乎是进入了一个真空地带。结果，在 1978 年时仅仅 30 岁或 31 岁（1981 年注：尚未进入中年）的六八年人已经开始走上领导岗位，担任助理副总裁、助理财务主管、企业规划主管、市场研究主管等。

通常，他们尚未进入决策岗位（1981 年注：但现在他们正在走上决策岗位）。但当我和客户公司（无论大小）的"决策制定者"坐在一起讨论时，经常会遇到六八年人，或至少大概是那几年的毕业生。"大老板"会说，"我来引见一下约翰尼·琼斯吧，他是我们负责数据处理的助理副总裁"。正是约翰尼·琼斯做了相应的准备工作，制定了议程，然后撰写报告，起草政策指令供"决策制定者"签字。越来越多的人不是约翰尼·琼斯，而是简·琼斯。因为六八年人中首次有大量女性进入企业成为管理培训生而非秘书。

我不能声称自己做过科学的研究，也承认选取的样本完全没代表性。但我在客户组织（尤其是客户公司）中看到的年轻人（他们正在走上上述仅低于高层的岗位，并开始在这些岗位上发挥真正的影响力），似乎具有许多共同特征。更重要的是，他们是不同的，不同于人们通常对六八年人的期望，也不同于正迅速被其接替的中年人。

不同于通常的期望，他们中很少有人（至少在我看到的企业、医院、律所的人中）身处组织的"软"领域，如人事、人际关系、环境事务、社会责任，甚至公共关系等领域。

他们往往集中在金融、会计、数据处理、规划、经济分析、市场研究、产品管理等"硬"领域。当他们来我的办公室进行一天的咨询工作时，放在会议室桌子上的第一件物品就是袖珍计算器。他们是把计算机当作家庭宠物的第一代人——既不将其视为威胁，也不视为科学奇迹，而只是一种日常工具。

根据传统标准衡量，他们在种族、信仰、两性问题上不是保守派，而是充满激情的自由派。但他们对政府和政府项目的态度不同于自由派，这方面他们是极端保守的玩世不恭者，但又不是孤立主义者，他们经常旅行，在苏格兰骑自行车度假对他们来说并不算什么。但他们也不是20世纪50年代的国际主义者。越战留下的创伤仍在流血，并未愈合。不发达国家的发展，在他们看来也不是挑战。

这些作为年轻管理者的六八年人对职业生涯的态度与10年前他们反"体制"骚乱时所留给任何人的印象截然不同。他们往往是工作狂。他们对自己的工作感到兴奋，并期望工作具有挑战性和高要求。他们中很少有中途退出者。

与此同时，他们野心勃勃，甚至到了咄咄逼人的程度。他们感到，要想取得成功，就不得不迅速爬到高层。因为他们感到自己背后有一股推力。他们意识到下述事实：后面的年龄群体甚至更庞大，并且在未来12年左右的时间里将继续保持非常大的规模，直到"婴儿潮"时期出生的孩子被1960年开始的"生育低谷"时期出生的孩子取代。去年，当讨论他们的职业期望时，有些人（有男人也有女人）对我说："你不得不在35岁时接近高层，否则将被踩在脚下。"

与此同时，他们绝不是"组织人"[⊖]。他们把雇用他们的组织视为工具。

⊖　组织人（organization man），源自美国作家威廉·怀特的小说《组织人》（*The Organization Man*），常用来描述各类大型组织成员的一般特征：顺从、刻板、保守、程序化等。——译者注

其中有个人在得到自己竭力争取的副总裁职位后打电话告诉我："我想，我应该在这家银行再待三年，但那时我将能在商业银行领域取得自己能力范围内的最大成就；然后我应该会去企业，从事经济分析或规划。"

这种对自己职业生涯的细致思考非常典型。对于通胀及其后果、税收以及避税，尤其是薪资，他们也有大量只能被称为玩世不恭的看法，尽管六八年人会称之为现实主义。这群人中有位年轻女士对我说："我们已经学会了，永远要以加薪代替晋升，但绝不要以晋升代替加薪。如果不给你更多钱，那就不是晋升。"

但六八年人与前辈们的最大不同在于对待管理的态度。他们期望（实际上是要求）上司具有高超的能力，进行真正的专业化管理。他们期望雇用他们的组织真正地制定规划并予以落实。他们期望组织有一个系统的决策过程，有一套合理的人事政策，比如定期和全面的绩效评估。

换句话说，他们期望管理是合理的，经理人（尤其是他们自己在高层管理团队中的上司）是专业的。他们对他们所见到的管理确实非常挑剔，有时甚至吹毛求疵。他们自身没有丰富的经验，因此可能并不充分重视经验。他们重视且或许高估了系统、方法与规划。

工作之余，他们中有大量的人都在进行"意识提升"并练习超觉冥想（TM）或参加艾哈德研讨训练班（EST）。但他们在工作中期待（事实上是要求），专业化的、系统的、可能有点缺少幽默的管理。他们对"上司"的主要抱怨（在过去 3 年中，我遇到的每位六八年人都以这样或那样的方式说过）并非"老顽固""反动"或"愚蠢"（这是他们先前世代年轻人的抱怨），而是上司没有践行他自己所宣扬的管理。

（1978 年）

有意义的失业数字

《汉弗莱－霍金斯充分就业法案》的最终版本于 1975 年 10 月中旬在国会通过，承诺到 1983 年失业率降至 4%，同时通胀率降至 3%，实现预算平衡和贸易顺差，另外还要提高农产品补贴。尽管大部分都是空谈，但该法案仍然存在一个严重缺陷——它使得美国遵循传统的失业指数。

多年来，每个处理经济统计数据的人都已了解，这种从经济大萧条时期延续至今的衡量标准已变得毫无意义，且具有误导性。在为数不多的捍卫者中，多数仍声称，尽管这个传统失业指数非常不可靠，但可以衡量美国劳动力队伍中某些人（如果工资合适、工作时间也合适，那么至少偶尔可以从事一点工作的人）的数量。因此，多年来美国劳工部一个由经济学家和统计学家组成的任务小组一直在开发一个新的失业指数。

无论如何，在政治上非常难以接受这样一个新的指数。任何改革都意味着降低官方失业人数和对"充分就业"的界定标准，因此会遭到工会的激烈反对。但《汉弗莱 – 霍金斯法案》虽然被愚蠢地当作"充分就业法案"，却把错误的失业指数和同样错误且毫无意义的充分就业定义当作神圣事物。

然而，要把就业和失业因素纳入决策，我们所需的数字是可得的，并且实际上几乎刊登在每个月的每份报纸上。但根据我的经验，很少有读者了解并恰当使用这些数字。

有三组这样的数字。

一

最重要且最有意义的一组数字是，美国有工作之人的数量和他们在劳动力中的比例。就业总量比任何失业数字都重要得多。只要有工作之人的数量和比例都提高，那么消费支出必然增长。如果这两个数字在一段时间（三个月或更长时间）里大幅下降，那么消费支出将会减少。如果两者反向变化，那么商界人士应该警惕劳动力供给的突变。

在过去几年里，我所看到的许多严重的商业错误都是由于忽视就业率造成的。正如多数人现在所了解的，有工作之人的数量和比例都创了历史新高，这在美国经济史上没有先例，事实上在任何其他主要国家也没有先例。这种迅速增长发生的年份，是许多使用官方就业数字的经济学家所描述的"经济大萧条以来最严重衰退"的年份。

实际上，在 1972 ～ 1978 年的 6 年中，仅在 3/4 的年份内有工作之人的数量和比例同时出现下降的情况，且在当时只是最轻微地一闪而过。换句话说，从消费需求和消费者购买的角度看，根本没出现衰退。但大量消费品和服务型企业只看到了毫无意义的官方失业数字，完全忽略了这一点，结果失去了销售和市场地位。甚至一些非常庞大且管理非常完善的企业也遭受了沉重的且或许是永久性的损害，因为它们看到了官方失业数字，并根据"严重衰退"的假设采取行动。

二

第二组需要观察的数字是，成年男性户主的就业率和失业率。1978 年，失业率大约为 2.75%，这实际上意味着严重的劳动力短缺和巨大的通胀性工资压力。只有在 1975 ～ 1977 年衰退的几个糟糕月份，失业率才真正达到 6% ～ 7% 的水平，且只持续了很短时间。

20 世纪 30 年代，官方失业数字在设计之初，衡量的就是成年男性户主的失业率。当时成年男性户主**等同于**美国的劳动力。因此，有如此多的人认为官方失业数字仍然是指成年男性户主也就不足为奇了。多数经济学家的"充分就业"预算或者因失业而对国家造成的所谓"收入损失"预测，都基于该假设。

也正是基于该假设，《汉弗莱 – 霍金斯法案》才把"充分就业"水平的失业率定为 4%。在美国，男性户主 4% 的失业率确实是充分就业，高于该数字就是真正的失业，低于该数字就是劳动力短缺。经济学家尝试用来衡量通胀与失业之间交替关系的"菲利普斯曲线"[⊖]显示，成年男性户主的失业率在 4% 左右时通缩型失业会转变为过度的和通胀型的劳动力短缺。而且，相比于华尔街推崇的货币供给，成年男性户主失业率向来是衡量通胀压力的

　　⊖ 菲利普斯曲线（Phillips Curve），新西兰统计学家威廉·菲利普斯于 1958 年根据英国 1861 ～ 1957 年的总体经济数据，画出的一条曲线，它可以表明通胀率与失业率存在交替关系：失业率高时，通胀率低；失业率低时，通胀率高。——译者注

更可靠指标。

当然，我们的官方数字不再聚焦成年男性户主。成年男性户主占劳动力的比例不超过 2/5。另外 3/5 包括：女性，其中绝大多数不是"户主"而是"家属"，她们从事的是家庭中"第二份工作"，甚至仅适合兼职工作；正式退休但适合从事兼职工作的人，其收入会达到影响社会保障养老金的水平；大量年轻的成年人，他们尚未承担家庭责任，通过在全职就业和官方"失业"（在此期间，他们领取免税的失业补偿）之间交替来优化自己的收入；登记为"就业"以便有资格领取福利支票和食品券的无法就业者；最后是大量只能从事兼职工作的全日制学生，他们往往在周末或晚上偶尔干上个把小时。

尽管如此，成年男性户主虽然只占劳动力的 40%，但正因为他们主要是全职工作者，所以占全部工作时间的 2/3 左右，并且他们在技术工人、经理、专业人员中占绝大多数。

三

最后一组需要观察的数字是，报纸上首先公布的官方失业数字。从统计上看，这个数字令人讨厌，犹如《爱丽丝梦游仙境》[一]中用苹果、橘子与红鲱鱼炖的汤。没什么能让它再次有效。在经济上，这个数字毫无意义。很多人一直试图通过把官方数字中"充分就业"的基准从传统的 3% 或 4% 提高到 6% 或 7%，从而使其再次成为一个有意义的经济数字。虽然这更务实，但

[一]《爱丽丝梦游仙境》（*Alice in Wonderland*），英国数学家道奇森以笔名刘易斯·卡罗尔出版的儿童文学作品，1865 年首次出版，迄今已被翻译为 100 多种语言。——译者注

仍不能使这个数字对任何经济目的（无论是预测还是制定经济政策）变得有用和有意义。

然而**在政治上**，传统的失业数字是非常有说服力的。官方数字主导了官方论调，从而引发了政治姿态，这些姿态虽然是徒劳的，但可能代价高昂，造成通胀，而且破坏性越大，产生的实际成果就越少。因此，作为政治压力的一种衡量标准，官方就业数字值得认真对待。

即便我们可以放弃官方的失业衡量标准（多年来《汉弗莱-霍金斯法案》使这一点变得不可能），但是美国的劳动力可能已经变得太多样化，以致就业和失业不能用任何单一标准来衡量。可能有一种有效的衡量标准，但它同时可能极其复杂，而且在政治上不可接受。它会把适合工作和正在找工作的人数换算为同等的全职工作，就像大学把兼职和夜校学生换算为"同等的全日制学生"一样。

即便如此，这个数字也不得不根据下列三种人的数量进行调整：仅因为能优化收入而登记为失业的人（主要是年轻白人）、为领取福利待遇而登记为有工作的人，以及被最低工资法排除在劳动力队伍之外的大量年轻人（尤其是黑人）。

这样一个同等的全职工作衡量标准可能会表明，现在（也就是 1978 年10 月）的失业率为 3.5% 左右，而官方失业数字为 6% 左右。在等待反映美国劳动力异质性的指数出台的过程中，建议商界人士（以及经济学家和政策制定者）至少选用两个，最好是三个独立的就业指数：有工作之人的数量和在劳动力中的比例、成年男性户主的就业和失业数字、反映不真实失业的传统指数。

（1978 年）

婴儿潮世代面临的难题

最近有报道称，几家管理咨询公司向知名商学院的顶尖 MBA 毕业生提供每年高达 6 万美元的起薪。怜悯那些吞下诱饵的傻瓜吧。5 年后，许多人很可能会感到沮丧、受挫、愤怒。再接下来，他们可能会幸运地经由晋升获得一个年薪 3 万美元的工作岗位。

诱人的起薪可能对年轻毕业生很有吸引力，并可能是公司获得关注的好方法。在某些情况下，这甚至可能有正当理由。但是，求职者和雇主比以往任何时候都更需要仔细看看公司真正提供了什么。

1979 届毕业生不是"婴儿潮"世代的最后一批成年人。我们将来还有五届婴儿潮世代的毕业生。但 1979 届毕业生可能是最早发现晋升岗位已被填满的人。

1979 年，婴儿潮初期出生的人已经 30 岁了。他们是助理副总裁，甚至是大型银行和公司的副总裁，教育领域的副教授和高中校长，医院或公共机构中的副职行政人员。但在许多情况下，他们也在从事或接近从事他们最终的职位。新来者（也就是20世纪50年代末出生、现在正受训成为管理者的人）可能会发现，他们前面的每个层级都被占据了。

婴儿潮初期出生的人面临不同的情况。他们进入就业市场时，多数领域中的管理群体正开始变得超龄。他们成年时，经济正迅速扩张。因此，他们很快就被吸纳进高级职位。

在一家不错的银行中，人们过去常常需要25年才能成为助理副总裁；在20世纪60年代末70年代初，人们在三四年内就会升至这样的职位。与此类似，在一家主要的大学中，人们过去常常需要20年才能成为教授；在20世纪60年代末70年代初，这通常仅需要5年或10年。1949年我进入一所主要商学院任教时刚好40岁，是所有教员中的"娃娃"，也是最年轻的教授。当我在22年后，也就是1971年离开时，该商学院大批获得终身教职的教师，年龄都在30岁左右，能力突出且成绩卓越。

但先前推动迅速晋升的相同人口状况，将会减缓现在进入就业市场之人的晋升。他们的快速晋升之路将会被那些同样受过良好教育但只是年龄稍大的人堵住，后者可以再工作25～35年。

因此，对于那些现在进入管理者岗位就业市场的人（那些获得高薪工作邀请的人）来说，他们的期望与将要面对的现实之间存在巨大且不断扩大的落差。完全可以理解的是，他们的期望是复制他们哥哥、姐姐和堂兄表姐们的经历。毕竟，他们至少受过同样良好的教育，同样有雄心壮志，并且同样聪明热情。只是他们晚出生5年，这不是他们的错。

他们需要认识到，他们不得不比哥哥、姐姐们更小心谨慎地掌控自己的职业道路。他们几乎没有犯错的余地。他们将不得不在每个阶段都深入思考自己真正适合什么，他们的优势能够在何处产生成果并受到认可和奖励；自己的气质最适合哪里。

尤其是，他们将不得不接受，只有不断地自我发展和继续教育才能让自己脱颖而出，并且除非脱颖而出，否则他们将淹没在人群中。

雇主面临的挑战可能更大。我不确定大量招聘大学毕业生是否仍有很大意义，有大量理由支持（尤其是小型企业）寻找年龄稍大一点的人（这些人因遭遇挫折而醒悟过来）来从事他们的第二份工作。但毫无疑问，雇主将不得不大幅改变它们现在对毕业生的承诺。它们将不能再提供仍作为诱饵的快速晋升的许诺。

更重要也更困难的是，雇主将不得不为这些年轻人重组工作岗位。在过去的 20 年中，我们倾向于让入门工作岗位变得越来越小，要求也越来越低，并且不得不让年轻人为迅速晋升做好准备。现在，我们将不得不基于下述假设来安排工作岗位：即使能力突出、工作努力的人也可能不得不在入门工作岗位或稍高层级的工作岗位上工作多年。初级工作岗位将不得不要求更高且更具挑战性；雄心勃勃的年轻人必须有取得成就的机会——或遭遇失败的机会。

在过去的 15 年里，许多组织的关注点根本不在工作岗位上，而在晋升上：新雇员什么时候可以晋升？即使在有大量晋升机会时，这种做法也是目光短浅的；即使在那时，多数雇员也得不到晋升。能得到晋升的始终都是少数人，并且现在应将关注的重点放在应该关注的地方，即工作岗位上。这将意味着在激励、评估、岗位结构、管理者开发方面的剧烈变化。

但最重要的是，需要为年轻人提供咨询。需要确保在组织中有可以与他们交谈的人，即使仅仅为了助其释放压力。需要有人关心年轻人面临如何在组织内找到最有可能发挥优势并得到认可的位置的问题（如果找不到，那么就去组织外找）。

　　需要有人认识到，这些年轻人在未来会过得很艰难。这既不是他们自己的过错，也不是我们的过错。

（1979 年）

裁员规划

克莱斯勒面临的困境要求该公司做出新的裁员规划，也就是预测经济领域的结构变革和技术变革，为那些将不得不被解雇的工人做好保留和寻找新工作的准备。

接下来的几年，这个要求还会变得更加紧迫，因为几乎可以预见，大量钢铁厂的技术陈旧，修修补补已无济于事，只能关闭。事实上，工会已经提议国会强行规定产业界实施裁员规划。

可以预见，企业会反对这些提议，并可能成功地推迟其出台。但此次产业界反对工会的要求是错误的。在未来的几年中，美国企业对裁员规划的需要将远远超过对劳动力的需要，并将不得不为了自身利益而设计、制定、实施裁员规划。因为美国企业要想在人口状况发生大规模变化的时期保持竞争能力、增长能力、盈利能力，就需要迅速推进某些结构变革。

政府和企业都没有为将来几年不寻常的人口变化做好准备。可以从事传统制造型工作的年轻人的数量、可以从事传统工作的人口的总数都将急剧下降。这种下降的部分原因是 1960～1961 年开始的"生育低谷"：几年后，达到就业年龄的年轻人数量将下降近 30%。

同样重要的将是"教育爆炸"带来的质变。在未来几年将达到退休年龄的人中，只有不到 1/4 完成了高中学业。大多数人在接受了不超过 6 年，或最多 8 年的正规教育后就参加工作了。但在进入劳动力队伍的年轻人中，一半的人受过高中以上的教育，因此将不愿从事传统的体力工作。实际上，他们也不再适合从事这类工作。

为知识工作者创造并找到高生产率的工作岗位，将是美国在就业领域的首要事项。这些最好是高生产率的私营部门工作岗位；否则，增加政府工作岗位的政治压力将几乎不可抗拒。

这些人口变化将要求现有的工艺流程迅速自动化和机械化。自动化可以使许多美国制造业再次具有竞争力，这正是因为美国有如此庞大的知识工作者供给，而自动化工厂要想有生产率有赖于这些工作者。例如，美国无线电公司最近兴建的一家工厂做了"每个人"都知道"绝不可能"的事情：以低于日本或韩国的成本生产彩电。

人口变化的一个更重要的结果将是生产共享。不能被自动化或机械化的劳动密集型生产阶段（如缝制衬衫、鞣制皮革或组装零部件等）将在发展中国家进行，这些国家拥有大量且不断增长的、过剩的低技能年轻人，他们只适合从事制造型工作。美国的知识工作者将处理生产过程中技术和技能含量更高的阶段，如设计、工程、质量控制、营销等。

如果按照这个路线继续下去，即使克莱斯勒也有可能恢复生机。实际上，克莱斯勒以往只要立足于生产共享，就会处于领先地位，就像它在第二次世界大战前的大部分时间所做的那样。当时克莱斯勒主要从事设计、工程与营销。克莱斯勒购买零部件并加以组装，而不进行制造。对许多美国公司而言，无论我们的保护主义意识多么强烈，生产共享将越来越成为能继续留在制造业的唯一途径。生产共享已成为日本的官方政策。这是当今世界发展最快的产业组织模式。尽管受到政府、工会以及制造商自身的抵制，但生产共享在美国也在迅速发展。

除非出现一场严重且持久的萧条，否则未来几年美国经济的特征将更多是劳动力短缺而非过剩。尽管报纸头版可能充斥着可怕的失业故事，但相比于工作岗位总数，因自动化和生产共享而被取代的人数量确实很少。美国第十大制造商克莱斯勒雇用了不到 10 万名小时工，占美国 1 亿总劳动人口的 1‰。

与普遍的看法相反，由于结构变革或技术变革而被解雇的工人，多数很快就能找到新工作。即使在主导性钢铁厂已永久倒闭的城镇，超过 4/5 的受影响雇员通常会在 18 个月内找到新工作，起码在整体经济状况不错的情况下如此。

然而，这些"被裁"的工人小群体往往聚集在小的"贫困"地区。他们通常是中年人，而老产业不会吸引或留住大量年轻人。因此，这些小群体非常显眼。他们掌握的政治权力与他们的人数完全不成比例，并且他们感到恐惧。

更糟糕的是，他们的困境使整个劳动力队伍都感到恐惧。在经济上，可以说裁员不是一个难题。在政治上，这是一个相当大的难题。而且，在心理和情感上，这是一个主导性难题。如果对裁员的恐惧不能被缓解，那么将会有强烈的抵制。

英国的经验已充分证明，无论采取什么形式，这种抵制都是徒劳的。补贴被裁工人和资助过时的工艺流程没有拯救英国的汽车厂、造船厂与钢铁厂，反而加速了它们的衰落，也抑制了创造就业机会的新产业和有竞争力的技术的发展。

当今世界，有三种解决裁员难题的方法。最古老的方法是失业保险，这在其发源地英国已有65年的历史。从经济上来说，该方法取得了巨大的成功。但从心理上来说，该方法是失败的。它没有实现其设计的主要初衷——提供安全感。

第二种方法是日本式终身雇用制。尽管只有不到1/4的日本劳动力享受这种待遇，但在以往，它给整个日本社会提供了安全感。然而在经济上，由于极大地阻碍了从老技术向新技术、从老产业向新产业的转型，所以它可能带来一场灾难。事实上，日本现在正竭力寻找一种解决方案，既能维持终身雇用制提供的安全感，又能允许甚至鼓励劳动力迅速转型。

第三种也是最新的一种方法的最佳例子是比利时，在该国解雇任何资历的员工，其成本都高得令人望而却步。但比利时人的做法实际上造成了它本打算解决的失业问题。据估计，如果不是比利时企业担心未来无法解雇不再需要的员工，那么它们的招聘人数将会增加20%。照目前的情况来看，在比利时，无论是比利时人还是外国人，几乎都不会去开创新行业或开设新办事处。

除非提出欢迎裁员甚至加速裁员进程的裁员规划，否则我们将陷入比利时人的"解决方案"。我们需要预测裁员，在确定裁员和实际关闭工厂或改变工艺流程之间，通常有两年的提前期。我们需要为可能被解雇的人找到新就业机会，对其加以再培训，然后予以安置。

这听起来好像是一个艰巨的难题。一个全国性的项目肯定会像各种政府再培训项目一样庞大而徒劳。但作为一个局部项目，裁员规划相当容易且成本很低。我们之所以知道这些，是因为这样的计划已经实施过两次了。

第一次是在 75 年前的日本，日俄战争结束后的日本面临巨大的产业结构变革。当时，三井财团已成为该国领先的"财阀"[⊖]（即我们现在所谓的"企业集团"[⊜]），也是最大的私营雇主，它承诺不裁员，而是将过剩的雇员安置到该财阀旗下其他正在成长的公司中。

第二次成功的裁员规划发生在 1950 ～ 1970 年的瑞典。当时该国面临从一个主要生产原材料的前工业化经济体向一个现代技术型经济体转型的巨变。在工会经济学家约斯塔·雷恩[⊜]的领导下，该国每个地区都成立了三方小组，以鼓励、预测、加速裁员，进而再培训并安置那些受影响的人。在这 20 年中，瑞典没有遇到太大困难就把几乎一半的劳动力转移到了新岗位上，且费用只相当于支付失业补偿的一小部分。

通常，只有少数被裁的工人需要接受培训和安置。受影响的年轻人不少，他们可能需要某些咨询和安置；在其他方面，他们具有所需的流动能力。还有一个群体的人数更多，那就是可以提前退休的人，而提前退休往往意味着他们将找到兼职工作，从而使收入恢复到以前的水平。只有肩负家庭义务、技能有限、流动能力低的中年员工，才需要得到培训和安置的保证。

⊖ 财阀，源自日本，1900 年左右开始出现，以家族或拥有血缘关系的亲戚设立的母公司为中心，旗下拥有经营各式业务的子公司，著名的财阀有三菱、三井、住友、安田等。——译者注

⊜ 企业集团（conglomerate），由大量分布在各行各业的公司组成的企业，许多此类企业出现于 20 世纪 60 年代末。——译者注

⊜ 约斯塔·雷恩（Gösta Rehn，1913—1996），瑞典经济学家，20 世纪三四十年代为瑞典工会联盟工作。——译者注

需要的是安全感而非经济保障。正如日本和瑞典经验表明的，只有管理层能够提供安全感。美国的管理层必须带头培养对裁员规划的安全感。如果不这么做，某些非常小的群体的恐惧可能会阻止美国企业顺应人口状况变化，妨碍它们开展为抓住技术发展机会所需进行的结构变革和技术变革。

（1979 年）

岗位产权

在每个非社会主义发达国家，岗位正迅速成为一种财产。这种机制因文化而异，但产生的结果几乎完全相同。

在日本，政府和大型企业有面向长期雇员（主要是男性）的终身雇用制。这实际上意味着，在没有破产的情况下，企业的运作主要服务于雇员，雇员对岗位享有的权利优先于外部债权人和法定所有者的权利。

在欧洲，雇员越来越不能解雇，只能用裁员补贴来买断。在比利时和西班牙等几个国家，这种裁员补贴的数额可能非常高，相当于一名资历较长的雇员整个余生的全部薪资和工资。欧洲经济共同体⊖高等法院在一项被认为对所有成员国具有约束力的裁决中规定，雇主破产后雇员仍有权要求获得裁员补贴，并可以用雇主公司所有者的其他资产来进行支付。

⊖ 欧洲经济共同体（European Community），由法国、联邦德国、意大利、荷兰、比利时、卢森堡六个国家创立，总部位于布鲁塞尔。——译者注

在美国，最近的立法已为雇员养老金权利提供了大量的保护，这些保护在传统上是为财产提供的。实际上，在雇主公司破产或清算的情况下，雇员养老金权利优先于所有其他权利（政府税收除外），可达雇主公司净值的30%。

美国的各种公平就业法规，无论是代表少数族裔、女性、残疾人，还是代表老年人，都把晋升、培训、工作保障、就业机会作为权利问题。解雇变得越来越难，除非是"有理由"。而且，要求雇主在裁员时负责为雇员找到一份同等的工作的压力越来越大，其中包括一项等待国会审议的法案。

实际上，岗位正被作为一种财产，而不是合同性的权利要求。

从历史上看，有三种财产：土地这样的"不动"产，金钱、工具、家具、个人财物这样的"动"产，以及版权、专利这样的"无形"财产。现在出现了第四种财产（即岗位），它与前现代时期的土地非常相似，这种说法并不牵强。

养老金权利或终身雇用制这样的岗位产权不能买卖、抵押或遗赠，也不能从"合法所有者"那里夺走。这几乎就是中世纪欧洲和前现代日本的法律对待土地所有权的方式。

我认为，这种相似并非偶然。岗位产权的出现不是工会压力或政府干预的结果，也与日本的终身雇用制等实践没有太大关系。相反，马克思主义者所言的"客观历史力量"已经决定，以前是土地，现在是岗位，将被赋予不动产的地位。

对多数发达国家的绝大多数人而言，直到20世纪过去了好几十年，甚至直到第二次世界大战，土地都是真正的"生产资料"。正是土地所有权带来了经济效益，并随之带来了社会地位和政治权力。因此，它被法律正确地称为"不动"产（意为真正的财产）。

相比之下，在现代发达社会，劳动力队伍中绝大多数人是组织的雇员（在美国人数达 93%），因此"生产资料"就是岗位。岗位不是"财富"，不是法律意义上的"动产"。但它是一种生产资料"权利"，即物权，这是不动产的旧定义。现如今，岗位是雇员获得社会身份、个人机会、成就、权力的手段。

对当今发达国家中的绝大多数人而言，岗位也是获取动产的一种途径。到目前为止，养老金是 50 岁以上雇员最有价值的资产，事实上，比他的住房、存款、汽车等所有其他资产的总和更有价值。当然，领取养老金的权利是岗位的直接产出，甚至是岗位的一部分。

岗位演变为一种财产，这可以视为一个真正的机会。这也是解决"异化"（马克思在 125 年前指出，异化是由"工人"与"生产资料"的分离造成的）这一难题的正确答案，甚至是唯一的答案。

但正如土地占有制的悠久历史所充分证明的那样，这种演变很可能导致刚性和僵化。例如在比利时，裁员补贴制度可能会阻止雇主裁员，但也导致雇主不去雇用所需的人员，因此造成的失业，比它阻止或缓解的失业还要多。同样，终身雇用制可能成为日本所需的从劳动密集型产业向知识密集型产业转型的最大障碍。

现代经济体如何应对岗位产权的出现，同时保持迅速适应变革所必需的灵活性和社会流动性呢？至少，雇主组织将不得不认识到，岗位具有产权的某些特性，因此不能在未经正当程序处理的情况下缩减或剥夺。雇用、解雇、晋升、降职必须符合预先设定的、客观的、公开的标准。在所有会对岗位相关权利造成影响的诉讼中，都还必须设置一种审查权，即一种预先确立的、向上级裁判申诉的权利。

自相矛盾的是，由于放弃了固定年龄退休政策，标准和审查将被强加给美国的雇主。为了能够解雇甚至最年长体衰的老年雇员，企业将不得不为所有年龄的雇员制定客观的绩效标准和系统的人事程序。

岗位向一种财产的演变也要求，不能出现"无偿征用"的情况，并且雇主有责任预测裁员，再培训即将被裁的员工，以及为他们寻找和安排新岗位。这需要的是裁员规划而非失业补偿。

在新兴的"雇员型社会"中，雇员通过养老基金正开始拥有（且不可避免将会控制）经济体系中的大型企业。岗位正在成为一组权利和一种财产。这种发展肯定不是人们常说的"资本主义"（不论是赞成还是反对）。但这与有限政府[⊖]、个人自由、通过自由市场合理配置资源相兼容。

（1980 年）

⊖ 有限政府（limited government），政府的权力、职能、规模和行为方式等都由法律规定并受到有效制约和监督的政府模式。——译者注

5

变化的世界

THE CHANGING WORLD
OF THE EXECUTIVE

在过去的 30 年中，国际经济已成为一种跨国的世界经济。即使经济再强大的国家，现在也只是世界经济中的一个竞争者，并且其经济的繁荣有赖于它在世界经济中的成功。自相矛盾的是，理解这一点的唯一主要发达国家是民族主义和保护主义最强烈的国家——日本。20 世纪 50 年代初以来，日本就已经根据世界经济格局，而不是根据凯恩斯经济学或弗里德曼经济学要求的国内经济考量，来决定自身的经济路线了，这是日本取得优异的经济绩效的一个主要因素。

因此，多数发达国家用来指导自身政策的经济理论正迅速过时。当国内政策，即国家的财政和货币政策不再真正控制一个国家的经济时，"需求管理"[⊖]只能造成通胀。届时，就像日本人在 20 年前首次发现的那样，国家政策必须聚焦投资。不能再有国家性的关键货币[⊜]，并且各国必须转向新的货币形式——跨国性货币，而非国家主权所延伸的货币。此外，当前正在发生的人口变化正迫使我们从传统的货物贸易转向以生产阶段划分和生产共享为特征的国际一体化，这将促进世界经济进一步发展。

这个主题太大，难以简短地讨论。要更广泛、更深入地了解这个主题，请参阅我最近出版的《动荡时代的管理》（*Managing in Turbulent Times*）。然而，本部分收录的文章确实触及了某些重大主题，并介绍了重要的新问题、新思想、新理念。

⊖ 需求管理（demand-management），源自凯恩斯经济学理论，该理论认为，通常情况下经济中的有效需求不足，充分就业状态下的国民收入均衡不可能自动实现，只有通过对总需求进行有效的管理，才能实现充分就业均衡。——译者注

⊜ 关键货币（key currency），是指被广泛使用和普遍接受，并且在国际货币储备中占比大的货币，如美元、欧元。——译者注

第 32 章 │ CHAPTER 32

生产共享的兴起

最新的世界经济趋势是生产共享。尽管生产共享不是传统意义上的进出口，但在我们的贸易数字中仍如此呈现，并且在关于经济和政治的讨论中也被如此对待。然而，生产共享实际上是生产过程各阶段的经济一体化。

很少有人听说过生产共享，但每个拥有手持计算器的人实际上都参与其中。负责运算的半导体是"美国制造"的，然后运往某个发展中国家（如韩国或新加坡）组装，成品则主要销往发达国家。

传统的统计数据显示，计算器是"进口产品"，但它们实际上是以美国制造的电子产品进入市场、赚取外汇并且为美国创造工作岗位的方式存在的。相比于任何常见的国际经济学和国际贸易理论的术语，古老的 18 世纪德语词汇"升级贸易"（Veredelungsverkehr）实际上可以更好地描述这类业务。

一个类似的生产阶段一体化例子是某大型欧洲纺织集团。它在欧洲共同市场从事纺纱、织造、染色业务，所有这些采用的都是自动化的、资本密集的、高科技的工艺流程。然后它把布料空运到摩洛哥、马来亚⊖或印尼，在那里将布料加工为服装、床上用品、地毯、毛巾、室内装饰织物或窗帘等。最终再空运回欧洲市场销售。

日本政府也积极推动生产共享。某公司以这种方式出口整座工厂，并且大部分收入来自该工厂销往日本的产品。

发达国家在管理、资本与技术、消费者购买力方面较强。发展中国家则提供迅速增长的大量剩余劳动力。

我们缺乏关于生产共享规模的数字。但据某些大型跨国银行估计，1974～1977年，这个数字至少翻了一番。（1981年注：1977～1981年，这个数字又翻了一番。）有些银行认为，生产共享已经如此意义重大，以至于有理由在传统的国际业务或公司业务部门内设立专门的业务单元来为其融资。

生产共享必然增长，因为其背后是一股不可阻挡的经济力量：人口动态。发达国家的就业和失业数字确实令人非常困惑，人们的确可以对此进行争论。然而，发达国家新进入劳动力队伍的年轻人，超过一半接受过高中以上的教育，因此他们不适合从事传统的低技能性或半技能性工作。

然而在发展中国家，人口动态截然不同。在20世纪50年代末和20世纪60年代，发展中国家的婴儿死亡率急剧下降（一些地区的婴儿死亡率下降了60%或70%），活下来的婴儿现在正进入劳动力队伍，需要工作岗位。例如，相比于先前任何一年创造的工作岗位，墨西哥将不得不在当前到2000年每年为新进入劳动力队伍的年轻工作者找到接近3倍的工作岗位。

在这些年轻人中，很少有人受过高水平的培训或掌握高超技能，但他们

⊖　马来亚（Malaya），半岛马来西亚旧称，地处马来西亚西部地区，简称"西马"。——译者注

远比他们的父母准备得更充分，并且越来越多的年轻人生活在城市中。农业不可能提供必需的工作岗位。无论土地改革在情感上的吸引力有多大，在多数地方它都会导致问题恶化。

只有在像巴西那样极少数的早已度过"发展起飞"阶段的国家，国内市场才有较大的迅速增长潜力。此外，发展中国家往往缺乏国内市场迅速增长所必需的人口基础、购买力与资本。对大批新进入劳动力队伍的工作者而言，唯一能想到的就业机会是为发达国家（这些国家已经没有充足的非技能性劳动力了）消费市场生产产品。

尽管发展中国家的现金工资相对较低，但生产成本往往很高，通常远高于发达国家。发展中国家的生产率往往较低，并且管理和政府方面的间接成本通常极高。此外，生产共享本身的成本也相当高——对管理的要求高，资本成本高，还有额外的运输费用。

因此，推动生产共享的主要原因不是更低的成本，而是发达国家适合从事传统生产工作的人员的短缺。几乎所有的发达国家都有结构性失业补偿、资历规则、退休计划，从而阻止体力劳动者在原行业之外寻找工作。

在 20 世纪的最后 25 年的时间里，生产共享可能在世界经济中占据主导地位，就像过去 20 年传统跨国公司在世界经济中占据主导地位那样。然而自相矛盾的是，安排生产共享的跨国公司将比以往任何时候都更具争议性。

这是因为生产共享为发展中国家提供了唯一真正的机会，使这些国家能够提供国民所需的工作岗位和技能。但这不一定会使这些国家心存感激，它们越依赖"邪恶的帝国主义"，就越有可能沿袭老论调。

尽管如此，许多发展中国家正迅速调整自身的政策和行为。在发展中国家，"跨国公司"仍是肮脏字眼，但这些国家的政府却日益讨好跨国公司来建立并经营出口产业，进而期望跨国公司生产的产品在发达国家市场上销售。

仅仅 15 年前，也就是 20 世纪 60 年代初，从委内瑞拉到智利等南美洲西海岸国家庄严地加入了旨在赶走跨国公司的《安第斯条约》[⊖]。在过去几年中，其中每个国家要么已经废除该条约的大部分内容，要么悄悄地退出了。

在发达国家，生产共享威胁着传统工会制度的根基——体力型老制造业。尤其是，相比于被取代的工作岗位，生产共享确实可能为新进入劳动力队伍的、受过良好教育的工作者创造了更多工作岗位。但被取代的工作者将显眼得多，并且将聚集在已经衰退的行业。他们往往是技能有限的年长工作者。雇用这些工作者的企业情况也大致相同——它们从事夕阳产业中已经过时的业务。

因此，多国经营将再次成为发达国家的一个重大议题。实际上，对跨国公司的抨击已经从东道国转移到了母国，特别是美国。现在，相比于戴高乐和第三世界的民族主义，美国的国会、国税局、证券交易委员会以及其他政府机构对跨国公司构成的威胁更大。

因此，我们迫切需要合适的政策，使得美国经济以让失业工人付出的代价最小的方式采用生产共享。

我们需要瑞典人开创的那种政策以实现类似的转型，20 世纪 40 年代该国几乎是前工业化的原材料生产国，现在已成为有高度竞争力的、高度工业化的国家。20 年前，瑞典人将雇主、工会、政府组织起来共同开展工作，再培训被裁工人，并将其安置到新工作岗位上（相比于任何失业补偿制度，

⊖ 《安第斯条约》（Andean Pact），1969 年 5 月哥伦比亚、厄瓜多尔、秘鲁、玻利维亚、智利签署的条约，旨在整合签署国的经济。——译者注

这种方法能够以少得多的成本完成多得多的工作）。

我们还需要修正贸易数据，以使之能够让我们知道生产共享在何处创造了工作岗位，又在何处取代了工作岗位。自由贸易或保护主义论调都只会加剧混乱，因为两者都假定贸易就是商品交换，而不是生产阶段的经济一体化——在这种经济一体化中，进出口是相互依赖的。

但这种正在兴起的新型多国一体化同样给管理带来了巨大挑战。

这种新型的多国一体化形式不适合跨国公司传统的组织结构，即子公司管理层向总部高层管理团队汇报工作的组织结构。恰恰相反，它需要一种系统制组织结构[⊖]，在这种结构中，有一个机构负责协调互不隶属的自治管理层。

新型跨国公司不依赖资本投资或所有权。尽管位于发达国家的母公司经常通过购买发展中国家合作伙伴的产出来为其提供财务资源，实际上它很少或根本不进行投资。因此，那些表现最好的新型跨国公司很可能是营销型企业，而非过去的那种制造型企业。

因为具有必要的灵活性，规模较小的企业也可能比大型企业表现得更好。这就解释了一些中型企业在电子产品领域的良好表现。

生产共享的一项主要要求是，有能力和意愿适应不同文化，并与那些有不同习惯和传统之人共同工作。这是因为，与其说生产共享是多国的，不如说它不仅是跨国的，尤其还是跨文化的。而且，这种理念的时代已经来临。

（1977 年）

⊖　关于系统制组织结构的特征及其优劣，详见：德鲁克．认识管理 [M]．慈玉鹏，译．北京：机械工业出版社，2021：506-526。——译者注

日本经济政策的转变

日本传统的社会和就业做法正面临第二次世界大战以来（甚至是 20 世纪 20 年代以来）最严峻的挑战。其原因既非政治原因也非经济原因，而在于人口状况。

日本只是在缓慢地走出 30 多年来最严重的经济衰退，并且鉴于严峻的失业形势，最糟糕的情况还在后面。然而，我在最近一次访问日本时会见的该国企业领导者、银行家、政府领导人、工会领导者对未来迫在眉睫的劳动力**短缺**，就像对现在令人痛苦的失业一样担忧。

日本面临劳动力供给完全枯竭的局面，而日本 1950 年后 25 年以来的经济扩张正是以制造业工人为基础的。这个难题可能会从根本上影响日本在国际贸易中的地位及其进出口政策。它将挑战该国的基本的社会信念和做法，并将要求重新思考基本经济政策。

在未来 20 年中，日本每年达到工作年龄的年轻人数量将比 20 世纪 60

年代少 40% ~ 45%。当时该国一半年轻人初中毕业后就参加工作了。现如今，几乎人人都上高中，并且高中毕业生有足足 1/3 会去上大学（男生中有 1/2），但 25 年前仅有 1/8。

日本人做事很少半途而废，而其行事的变化幅度比美国人大得多。第二次世界大战后日本的"婴儿潮"不仅比美国更剧烈，而且在 20 世纪 50 年代初就结束了，这也比美国早得多。随之而来的是一个更明显的"生育低谷"——人口出生率下降超过 40%，而美国是 25%。此外，人口趋势造成的经济和社会后果在日本是截然不同的，并且要严重得多。

第一个原因在于日本人把工资和福利同资历挂钩的习惯，这几乎是一种神圣的传统。在 30 年的职业生涯中，日本人（无论是设备操作工、簿记员还是管理者）的现金工资收入都会上涨两倍。住房补贴等附加福利上涨得更快。因此，日本雇主在有 30 年资历的员工身上的支出大约是新雇年轻人的 4 倍。换言之，是年轻人在补贴年长者。

年轻人也在大量补贴日本经济。即便工资率没有任何提高，日本组织（无论是企业、大学，还是政府机构）的劳动力成本会随雇员年龄的增长而自动急剧上涨。因此，一家公司雇用的年轻人越多，劳动力成本就越低，它在日本的银行看来信用状况也就越好。在 20 世纪五六十年代，年轻人的供给充裕，这部分是由于"婴儿潮"的影响，部分是由于年轻人离开农村涌入了城市。在第二次世界大战结束时，日本一半以上的人口在农村，现在只有 10% 或 12% 的人住在农村。当然，离开的主要是年轻人。

日本劳动力成本的传统结构意味着，日本企业和日本经济的竞争地位会稳步提高。事实上，在日本产业生产率被大肆吹嘘的提高中，有一半或许不是真正的"生产率提高"，仅仅是 20 年来劳动力变得更年轻了。

但从现在开始，劳动力将必然变老。因此劳动力成本将急剧上涨，并且劳动生产率将下降，或至少增速会大幅放缓。

相比于任何西方国家，人口变化对日本而言更是一个难题的第二个原因是，工作层次与受教育程度严格挂钩的传统。只有初中毕业生才应该从事体力工作，尤其是制造型工作；高中毕业生成为文员或办公室职员；大学毕业生成为经理或专业人员。在这种按学历对人进行严格分级的情况下，总会有一些向上的流动性，尽管不是很多。

然而，降级（也就是接受一份低于自己学历水平的工作）几乎是不可想象的。现在，适合从事办公室工作和销售工作的高中毕业生很多。有大学学历且适合从事管理工作和专业工作的人多到已经过剩。但是，这三种就业（体力工作、文员工作、管理工作）各自有单独的劳动力储备，无论需求如何，三者不会彼此交叉。而且，初中毕业生，也就是适合从事体力工作的年轻人，几乎都消失了。

最后，日本的制度导致很难利用某个产业或行业中的现有剩余劳动力，去获得其他领域的就业机会。就绝对数量而言，日本不存在劳动力短缺，即使那些受教育程度符合从事体力工作条件的人也不短缺。事实上，根据美国的标准，日本是一个劳动力严重过剩的国家。因为在日本制造业中，仍有大量前工业化部门，即生产"老日本"传统商品（例如陶器或床上用品）的小作坊。尽管现在劳动力一点都不便宜，但这些部门劳动力的效率通常很低。在纺织或服装等老产业中，也有大量的剩余劳动力。

但这些剩余劳动力储备没多大帮助。由于资历工资制度（在这种制度下工资与服务年限相对应），他们不能得到利用。如果一名30岁的产业工人换一个雇主，那他只能获得起步工资，也就是一名十六七岁工人的工资，然而他已经30岁了。实际上，他既不能得到与年龄相称的工资，又不能得到与资历相称的工资，这导致他几乎无法受雇。最起码，这种情况对工作更换和流动造成了巨大障碍。这也解释了为什么失业对日本人是如此可怕的威胁——某人失业后，只能找到临时性工作，拿着低得多的收入，而且几乎没机会再次成为永久性的雇员。

绝不应低估日本人的社会创新能力。纵观历史，在为新社会难题找到解决方案的同时仍保持自己的传统价值观这个方面，日本人有非凡的天赋。而且，现在日本人又在这么做了。例如，我碰到了一个非常简单但非常巧妙的办法，可以解决给一位在老雇主那里服务了 10 年或 12 年后跳槽到新雇主那里的人支付工资的难题。他不从原公司离职，而是以永久借调的方式加入新公司。这样就可以在不违反根据服务年限支付工资的原则的情况下，向他支付与年龄相符的工资。尽管如此，正在发生的人口和教育转型，将挑战多数日本人心中神圣的社会信念和习惯。

人口变化的经济影响至少和社会影响一样大。即使工资率仅缓慢上升或根本不上升，劳动力成本也将迅速上升。劳动力成本（包括工资和福利）随服务年限上升，这在日本社会中根深蒂固，根本无法消除，甚至无法大幅改变。更糟糕的是，新产业或老产业扩张所需的体力劳动者将根本无法获得。100 年来，日本经济一直立足于用本国人制造的产品交换外部世界的粮食和原材料。人口变化不会影响日本对粮食、石油、铁矿石、木浆的依赖，但将使日本的制成品出口所得越来越难以承担进口粮食和原材料的费用，而该国以往一直是这么做的。因此，日本正开始重新评估国内经济政策，尤其是在世界市场上的经济政策。

一种应对措施是重新重视自动化。在美国，关于自动化工厂的讨论在15 年或 20 年前非常普遍，但在 20 世纪 70 年代基本消失了。在日本，建设自动化工厂的工作正在全速、郑重其事地进行。在工会的默许下，政府和产业界正联合开发第一座全自动化的大型制造工厂——有很大灵活性的、可生产多种产品的机床厂。生产车间里一名工人也不会有。该工厂所需的大部分工艺流程已经设计出来并经过了测试，目前正处于试车阶段。整座工厂预计在 1983 年全面投入商业生产。

几家大型制造商（从化工行业的到制鞋行业的）告诉我，其目标是 10 年后要么在生产工人数量不变的情况下将现有产量翻一番，要么在现有体力劳动者数量减半的情况下增产 30%～40%。当然，这意味着受过大学教育的人，尤其是工程师的工作岗位将大幅增加，而日本教育体系培养出来的工程师数量越来越多。

另一种应对措施是深思熟虑的转型，政府与企业再次共同努力改变出口组合。日本越来越希望从出口商品（甚至那些科技含量高的商品）转向出口整座工厂和整个产业。强势的通产省[⊖]最近公布的第一优先出口项目是整座工厂的出口。1975 年，工厂出口的总额达到 60 亿美元。1976 年的目标是这个数字的两倍。到 1980 年，日本的一些计划者希望完成 500 亿美元的整座工厂出口目标（1981 年注：他们几乎实现了目标）。然而，日本贸易的方向也将随之发生变化。因为整座工厂出口的市场当然主要不是发达国家，而是发展中国家：盛产石油的国家，尤其是沙特阿拉伯；拉丁美洲的原材料和粮食生产国；或许最重要的是有望实现石油产量迅速增加的中国。

最后，日本的**进口**可能会改变，尽管在政治上这将是未来所有改变中最困难的。出口足够多的产品，来为原材料匮乏、粮食不足、能源短缺的日本

⊖ 通产省（MITI），日本旧中央省厅之一，1949 年设立，承担宏观经济管理职能，负责制定产业政策并从事行业管理，对产业界具有很大的影响力，2001 年通产省改组为经济产业省。——译者注

提供现代经济生活的基础，这必须继续作为日本商业政策的第一优先事项。但日本将不得不把出口所得越来越多地用来购买劳动力过剩国家生产的消费品，这些消费品是劳动力短缺的日本经济自身不再能生产的。例如，一家日本企业正在东南亚某国建设一座制鞋厂，该厂将用自身的产出来支付建设成本——20 年内生产的 10% 或 20% 鞋子以成本价交付给出资并建造工厂的日本人。一方面，这使得建立一所经济规模超过所在小国的吸收能力的工厂成为可能。另一方面，这为日本国内市场和日本消费者创造了一个劳动力供给充足、劳动力成本相当低的消费品产地。

这样的政策转型是否能真正奏效，目前还不确定。在日本，这会遭到工会的强烈反对，而且会遭到数量极其庞大的、实力雄厚的小企业的强烈反对。这要求日本政府方面，尤其是通产省的彻底改变。因为通产省认为，日本在技术上能够生产的任何东西都必须在国内生产，决不能从外部引进，这一点对通产省来说仍是不言自明的。而且，通产省体现了近 400 年来日本根深蒂固的国家信念。

在日本的外部，也存在巨大障碍。虽然日本可以为发展中国家提供加速工业化的机会，但这将使其严重依赖日本；实际上，一个东南亚小国将成为日本的卫星国。但正如某位身居高位的日本人对我所言："鉴于我们的人口趋势，我们还有什么别的选择吗？而且，鉴于发展中国家的人口动态，这些国家（尤其是人口过剩的贫困小国）有什么别的选择吗？"

无论经济政策最终走向何方，在日本经济、日本在世界经济中的位置、日本的世界经济的政策这些方面，人口状况（包括人口数量和受教育程度）将日益成为一个关键因素，甚至是控制因素。

（1976 年）

第 34 章 | CHAPTER 34

关于共同决定的斗争

关于共同决定的斗争，是过去几年西欧最重要的社会和政治纷争之一。

从根本上讲，共同决定是一项法律制度，它授予工会在企业董事会或监事会中实质性或控制性的成员资格。在联邦德国、荷兰、斯堪的纳维亚国家，这种制度以不同形式被大型企业采用，并且英国、比利时、法国也在积极讨论该问题。

联邦德国劳工部的一位高级官员在最近与我讨论关于共同决定的政治斗争时说，该国新的管理和专业团体正迅速成为后工业社会中的主体。因此，工会正企图极力拒绝给予这些团体权力，并企图在太多会员成为中产阶级之前剥夺其权利。

他解释道，这就是为什么工会在推动员工代表进入董事会时，如此坚决地拒绝接受任何中层管理者的代表，并坚持只让代表蓝领工人的工会官员担任董事会成员。

我在这次联邦德国之行中见到的一位联邦德国工会官员对此并不否认。他说："即使加入了工会，管理人员和专业人员也不是真正的'工人'。如果我们允许他们在公司董事会中有发言权，那么他们将永远投票支持管理层；如果我们不确立一项原则，即只有真正的工人有权分享企业的控制权的话，那么劳工运动很快就会成为历史。"

与此同时（即 1977 年春天），在英吉利海峡对岸人人都在谈论布洛克报告，该报告由阿道夫·希特勒和欧内斯特·贝文⊖的传记作者、牛津大学历史学家艾伦·布洛克爵士领导的一个 10 人英国皇家委员会提出。

布洛克报告在 1977 年 1 月发布后引起广泛反响。该报告建议雇用员工数 2000 人及以上的英国公司（包括总部位于英国之外的跨国公司的英国子公司），重新设计其董事会，给予工人和股东相同数量的代表席位，前提是赞成这样做的员工达到 1/3。

该委员会的多数人表示，工人代表进入董事会（所谓的工业民主⊜）已成为当前的潮流。此外还表示，这种代表制将为在商定的政策框架内行使管理职能提供新的正当性。

英国主要劳工联合会的领导者同意该观点，并预言布洛克报告会成为"我们民主制度发展过程中的一个里程碑"。但英国主要的雇主团体谴责该报告，称如果这份报告得以实施，那么将从根本上改变英国的自由企业制度。

联邦德国的工联主义⊜者和布洛克报告都失之偏颇了。联邦德国人被迫

⊖ 欧内斯特·贝文（Ernest Bevin，1881—1951），英国政治人物，工会领导人，1945～1951 年任外交大臣。——译者注

⊜ 工业民主（industrial democracy），是指由管理层和工人代表共同确定影响工人福利的公司政策。——译者注

⊜ 工联主义（trade unionism），工人运动中的资本主义改良思潮，为通过集体行动获得或保证改善工作和经济条件。——译者注

接受中层管理人员进入监事会，且实际上不得不同意在联邦德国 1977 年生效的法律中授予他们控制性投票权。

布洛克报告对管理人员和专业人员公认的歧视引起了轩然大波，这就解释了为什么该报告的提议在英国已被搁置。

但若认为这两个国家的工会已放弃剥夺管理人员和专业人员权利的企图，那将是愚蠢的。事实上，联邦德国工会的第一优先事项是废除关于共同决定的法律中规定的管理人员在监事会中派驻代表的条款。

欧洲的工联主义者及其盟友想要剥夺管理人员的权利，从而防止管理人员在企业和社会中变得强大。然而，这可能正是他们失败的原因。在我 1977 年春天的欧洲之行期间，与我交谈的很多来自联邦德国、斯堪的纳维亚国家、低地国家[⊖]、英国的人都感到，联邦德国围绕共同决定的斗争和英国围绕布洛克报告的喧嚣最终可能会终结中产阶级对工会或其盟友的支持。

英国一位持中间立场的劳工部长说："这个国家的年轻管理人员仍然不喜欢保守党。但布洛克报告发布后，他们可能更不喜欢工党，并且可能已经永久远离我们了，不仅是在下次选举中。"

因此似乎很明显，即使只是经过辩论然后被搁置一旁，共同决定仍是一个具有重要政治、社会、经济影响的爆炸性议题。在美国，我们也应该对这个议题给予更多关注。（1981 年注：实际上，在本文首次发表 3 年后，美国汽车工人联合会开始要求以获得共同决定权作为支持境况不佳的克莱斯勒公司的条件。）

（1977 年）

⊖ 低地国家（Low Countries），位于莱茵河、马斯河、斯海尔德河下游及西欧北海沿岸，领土海拔一般略高于海平面，有些地区甚至低于海平面，一般认为包括比利时、荷兰、卢森堡等国家。——译者注

陷入困境的日本巨人

从美国的角度来看，日本在国际收支和国际贸易中都有创纪录且不断增长的顺差。从日本的角度来看，这种"顺差"看起来更像是创纪录的大量库存损失冲销。

从美国的角度来看，日元是非常坚挺的货币，250 日元兑 1 美元可能仍然是低估了日元，且只是因为通过"肮脏浮动"[⊖]，即日本银行的大规模干预，日元才没有继续升值。从日本的角度来看，日元的坚挺看起来是暂时的和虚幻的。

从美国的角度来看，日本的经济政策看起来太成功了，日本是一个不可限量的商业巨人。从东京的角度来看，日本现在刚开始直面巨大的经济和商业失误造成的后果，这些失误可能让商业巨人倒下，或至少放缓其速度。

⊖ 肮脏浮动（dirty float），又称"有管理的浮动"，是一种官方不公开汇率目标的汇率制度，央行或货币当局通过干预外汇市场以使汇率维持在其不公开的目标水平，且目标水平可能会随环境的变化而改变。——译者注

1977 年夏天，我在日本主持了一系列研讨会和会议，这是我 18 年来第 10 次访问日本，参会的该国商界人士和政府官员都唱衰日本。从表面上看，他们的担忧似乎没什么证据。餐馆和酒吧里人头攒动；任何旅游胜地都没有空房，11 月 3 日国家文化节的机票和火车票都订购一空；消费者购买正处于历史最高点；商人们预计会有一个创纪录的圣诞销售季。

至于失业率，官方数字低于 2%。

然而日本商界人士和政府官员可能有充分理由感到不安，尽管不是出于那些他们经常在公开场合给出的理由。

首先，日本高价工业原材料的库存严重过剩。一家大型玻璃公司的总裁告诉我："我们通常有 5 ～ 6 个月的生产玻璃用砂库存，现在的库存完全可以满足 3 年开足马力生产所需。"有位朋友的丈夫是某纺织公司的中层管理者，他每天早晨去上班，然后在办公桌前坐 10 个小时，除了读侦探小说外无所事事；他是一名生产经理，该公司已有 5 个月没生产任何产品了，因为所有仓库都塞满了未售出的商品。

1977 年 10 月，日本与澳大利亚结束了"食糖战争"。1974 年日本的制糖厂签约以当时的高价（现在价格的 5 ～ 8 倍）购买 1976 年和 1977 年整个澳大利亚的糖类作物。当澳大利亚人开始交货时，日本人却不想履约。曾经一度有 150 艘装载糖作物的船停泊在东京港等待卸货。

当澳大利亚做出象征性让步，将付款期限从 3 年延长至 4 年后，日本最终屈服了。现如今日本人被迫接受两年的创纪录高价的食糖供给。

铜、铁矿石、纸浆、硫磺、焦煤也是如此。1974 年当各行各业均出现原材料短缺时，日本人（尤其是政府官员）陷入了歇斯底里的状态。他们不断地买买买。现在他们正试图极力逃避履约责任，并将原材料进口大幅削减了近一半。即便如此，各行各业的高价原材料库存还是积压很多。（显然，某些制成品也面临同样的情况，另一位朋友说，由于几年前的短缺恐慌，他所在的政府部门库存的厕纸还够用两年。）

其次，1975 年和 1976 年日本人犯了另一个错误——当世界各国的需求下降时，日本产业界不仅继续生产，在许多情况下实际上还增产了。维持就业的需要只是部分原因，而且可能是较小的原因。

主要原因是估计错误。日本人（同样，尤其是政府官员）预计全球通胀将加剧，并且日本面向的市场尤其是欧洲市场的需求将迅速复苏。一家电池公司的执行副总裁说："经过深思熟虑，我们决定增产。我们预计世界市场的价格将上涨 30%。实际上价格却下跌了。到 1976 年的年中，仓库中的库存足够销售整整两年。"

当银行开始施加压力要求偿还库存产品的贷款时，日本的出口推销开始高速运作。但许多行业（钢铁行业、纺织行业、消费电子产品行业）的制成品库存仍然很高。

最后，日本人对自身困境进行了错误的应对。部分由于政府、企业、工会之间的共识（相比于其他国家，日本这三方之间的联系紧密得多），部分由于政治形势，日本人决定维持国内高价，并推动出口。出口产品定低价，旨在迅速出售；国内产品定高价，所获利润用于弥补出口损失。

也有例外。例如，索尼公司总裁盛田昭夫[⊖]因对该政策持强烈批评态度而闻名。在日本的主要企业中，索尼或许是唯一在日本市场降价，在出口市场涨价的企业。

⊖ 盛田昭夫（1921—1999），日本企业家，1946 年与好友井深大一起创办"东京通信工业株式会社"，1958 年力主将公司名称改为"索尼"。——译者注

日本的企业领导者认识到，他们的策略有引发国外极端保护主义的风险。但在政治上该策略势在必行，尤其是对工会来说。这似乎是企业能够继续提高工资和福利的唯一途径。例如，1975年工资和福利上涨了近40%，从而使消费者能够支付某些商品的世界最高价格。（在东京，低档牛肉的售价为每磅⊖15～20美元，鱼几乎同样昂贵，并且日本流行的一种蘑菇，即松茸的售价每磅高达40美元。）

然而现在日本面临大范围的强烈保护主义抵制，这在美国正迅速变得明显起来。而且，日本自身的保护主义政策推高了日元汇率，使日本迅速成为成本最高的工业国家之一。大量积压库存仍未消化，但日本面临着要么大幅削减出口，要么永远不能进入世界主要市场的前景。

放松农业保护（或许可以像美国或英国那样，从限制进口的制度转变为直接补贴农业收入的制度）会在一定程度上减少日本的贸易顺差。这还将减少高昂的食品成本及随后的工资要求对日本竞争能力构成的威胁。然而迄今为止日本只做出了象征性的让步。例如对新西兰就是这么做的，该国威胁要禁止日本渔民进入其渔场，除非它能更充分地进入日本的肉类和奶制品市场。

需要采取更多力度更大的措施。一种措施可能是以低价和优惠的信贷条件向非市场经济国家销售大量库存，从而进行真正的清仓大甩卖。

这是前面提到的电池公司清理库存的方法。麻烦的是，日本制造的产品中没有多少是非市场经济国家所需要的。例如，起码可以说，这些国家对彩电的需求可能有限。尽管如此，日本的钢铁、化工产品、塑料制品可能在这些国家找到市场。在不久的将来，日本与这些国家达成某项重大贸易协议并

⊖ 1磅=0.454千克。

不令人意外。

　　但最重要的是，预计日本的经济和货币政策将经历一段动荡时期。日本人不得不做出的调整是相当明显的，但无论在经济上还是在政治上，他们将感到非常痛苦。

（1977 年）

印度与合适的技术装备

　　印度政府一位颇具影响力的经济顾问说："甘地⊖犯的最大的错误是提倡使用纺车。纺车效率太高了。鉴于我国农村的失业和不充分就业情况，真正合适的技术装备是手持纺锤。"然而，这几乎不是印度农民自己心目中"合适的技术装备"。

　　在 1978 年与 1979 年之交的冬天，我花了六周时间在印度农村地区旅行，给我印象最深的不是那里的普遍贫困和严重失业——这两点都在预料之中。然而，我没有料到的是，每间寒碜的茅屋外都停着四五辆崭新的自行车，并且都没有拴住或上锁。在印度农村，牛车可能仍比自行车多，更比小

⊖　甘地（Mohandas K. Gandhi，1869—1948），在印度被尊为"圣雄"，提倡非暴力不合作，对现代工业大生产持怀疑态度，号召"回到纺车去"，甘地的思想对世界各地的抗争运动产生了深远影响。——译者注

型拖拉机多得多。但是，推动印度"绿色革命"⊖的，使印度次大陆几千年来第一次出现粮食盈余的，不是挖掘棒或木犁，而是无所不在的竖井里的汽油泵和旱地上的灌溉水渠。

从每辆牛车、骆驼车、三轮车、象轿中，都传出晶体管收音机播放的音乐的旋律。在无数的农村集市上，人最多的是以分期付款方式出售小型摩托车的摊位。

尽管这让印度政府的经济学家及其上司（印度总理）感到苦恼，但对印度和多数发展中国家而言，自行车、晶体管收音机、汽油泵、小型摩托车（而非纺车，更不是纺纱杆⊜或纺锤）确实是合适的技术装备。它们创造了工作岗位和购买力，相反纺纱杆会减少工作岗位，损害购买力。

在印度，没人能告诉我政府的经济政策是什么。可见的政府行动只有扩张已然庞大的国营企业，无限制地发展已经臃肿的官僚机构，制定更多的官僚规章。内阁不能就任何事务达成一致，也没有任何政策。大量资金投向村庄，但没有具体的项目，更不用说有什么目标了。但是，一种崇尚"小"和反技术装备的论调却无处不在。

我在印度旅行时（即甘地夫人⊜重新掌权前），该国总理莫拉尔吉·德赛⊕已经 84 岁，但看起来像 55 岁（他把这归功于只吃生蔬菜泥，喝自己的

⊖　绿色革命（Green Revolution），20 世纪五六十年代，在世界银行、国际开发署等国际组织的帮助下，印度等发展中国家通过引进并培育新品种，改进灌溉技术，推广机械化生产等，大幅度提高了农业产量，被誉为绿色革命。——译者注

⊜　纺纱杆（distaff），一种纺纱工具，用于保持纤维的松散，减小纺纱过程的劳动强度。——译者注

⊜　甘地夫人（Indira Gandhi，1917—1984），印度政治人物，第一任总理尼赫鲁的女儿，1966～1977 年、1980～1984 年两度担任印度总理。——译者注

⊕　莫拉尔吉·德赛（Morarji Desai，1896—1995），印度政治人物，1977～1979 年担任总理，个人生活中信奉喝尿疗法，将自己的长寿归功于长期喝尿，并宣称这是千百万赤贫印度人的完美医疗方法。——译者注

尿液），他向我宣扬"小的就是美的""农村发展""合适的（即前工业化的）技术装备"。当德赛总理倡导回到纺锤时，他的经济顾问们附和的正是这种论调。这套论调如今在许多发展中国家也能听到。

作为对"越大越好"错觉（这种错觉迷惑了以前的印度政府，尤其是尼赫鲁[⊖]时期）的纠正，德赛政府早该重视印度农村了。以前的历届政府都忽视了农村，而印度 5.5 亿人口中有 90% 居住在农村。但"小的就是美的"与"越大越好"同样都是错觉。合适的技术装备不是耗费资本最多或使用劳动力最多的技术装备，也不是"小的"或"大的"，"前工业的"或"有科学奇迹之称的"技术装备。很简单，合适的技术装备就是使经济资源实现最高生产率的技术装备。在一个人口众多且人口迅速增长的国家，合适的技术装备是大大增加高生产率工作岗位的技术装备。印度拥有大量的管理技能资源和创业技能资源，同时有巨大的、未满足的消费需求，在这样的国家，能创造购买力就是发展。

20 世纪 60 年代，钢铁厂是重要的投资项目，印度历届政府将该国极为稀缺的巨额资本投入该领域，而在七八十年代，钢铁厂都成了"白象"[⊜]。对印度这样的国家而言，炼钢不是合适的技术。钢铁厂是资本密集型产业而非劳动密集型产业。钢铁厂生产的产品在世界市场上供应充足，并且在任何地方都能低价买到。最重要的是，除了工厂自身的工作岗位外，钢铁厂几乎没有创造任何其他的工作岗位。

但机动车行业（客车、摩托车、卡车、拖拉机）可能会最有效率地增加工作岗位。其工厂的劳动资本比率非常高，并且在整个经济中，该行业制造

⊖ 尼赫鲁（Jawaharlal Nehru，1889—1964），印度独立后第一任总理，主张通过"混合经济"的形式发展经济，并发起不结盟运动。——译者注

⊜ 白象（white elephants），是指所有者无法处理的财产，其成本（特别是维护成本）与用处不成比例。——译者注

工厂中的每个工作岗位会创造大约 4 ～ 5 个二级或三级工作岗位。它创造了公路建造和养护、交通管理、经销代理、服务、修理作业等工作岗位，并随之创造了大量的购买力。

同样，制造晶体管收音机和自行车既需要庞大的制造基地，又需要庞大的经销体系——这两者都能大大增加工作岗位并创造购买力。而且，就像机动车行业一样，这两者都创造了人力资本，即它们使没受过教育的人也可以掌握工作技能。合成化肥、药品、杀虫剂制造业也是如此，它们都需要大型企业以及全国性的分销和服务体系（此外，这些产品与汽油泵是印度独立以来取得的两大成就（粮食产量的迅速增加和婴儿死亡率的迅速下降）的基础）。

规模可能相当小的化妆品制造业同样也能创造生产率、工作岗位和购买力。我在班加罗尔参观过一家效率非常高、非常成功的跨国化妆品公司，该公司有 20 名员工，其单位投资额或销售额赚取的外汇，至少 5 倍于任何一家大型印度国企。

20 世纪五六十年代的发展崇尚资本投资。最能证明这种迷信的是《经济增长的阶段》（*The Stage of Economic Growth*），这本书是沃尔特·罗斯托[⊖]（他后来担任林登·约翰逊总统的外交政策顾问）在 20 世纪 60 年代初撰写的，在当时的很多发展中国家被奉为权威著作。罗斯托先生声称，发展是资本投资规模自动的、直接的函数。但那不是提高生产率，而是浪费和无能。现如今，有一种这样定义生产率的趋势：使用的劳动力最多，就是生产率最高，在那些拥有大量失业年轻人口的发展中国家尤其如此。

但这也是无能的表现。生产率是从一个经济体的资本、劳动力、物质等

⊖ 沃尔特·罗斯托（Walt W. Rostow，1916—2003），美国经济学家、政治学家，强烈主张介入越战，代表作《经济增长的阶段》。——译者注

资源，以及时间中获得最高整体收益的体现。这也将创造最多的工作岗位和最大的购买力。在经济发展的特定阶段，这甚至会在可得收入分配上产生尽可能低的不平等。当然，贫穷的国家养不起没生产率的人（即那些把棉线缠绕在木棒上，看起来很忙碌的人）。富裕的国家可能会确保没生产率的人即使失业也有一定的收入，但贫穷的国家没有盈余可以分配。

最重要的是，有些游吟诗人主张"小的就是美的"，他们忘记了（华盛顿的许多官员同样如此），一个健康的社会和经济体系，**既**需要大的，**又**需要小的。实际上，不论在发达国家还是在发展中国家，大的和小的相互依存。除非有大型装配商或零售商，如 IBM 公司、通用汽车公司、西尔斯公司等，否则在大规模市场中（无论是在美国还是在印度）就没有小型制造商。小厂的产品只有成为大厂产品的一部分，或在大型零售商的店里销售，才能进入市场。反之，如果没有大批独立的小型模具厂、工具厂、零部件供应商、地区经销商、服务站、修理店等，也就不会有通用汽车公司。

药品研究需要大型企业，甚至是巨型企业。但药品销售依赖大约 20 万家药店和 20 万名医师，每家都必然分散在各地，且实际上是自主的。印度农村的发展，不仅意味着要为农村产品创建遍布全国的营销组织、信贷和银行机构，还意味着建设大型发电站。尤其是，"小的就是美的"倡导者总是选择性地忽视，农村发展意味着建立集权的政府官僚机构，不论它是否值得被称为"美的"，但一定不能被称为"小的"。

恐怕上述论点都不会对印度政府的那位经济顾问产生很大影响，我知道，它们也不会对印度总理产生很大影响。然而，一旦印度人民拥有了自行车、小型摩托车、晶体管收音机、汽油泵，他们真的会回头去使用纺锤吗？

（1979 年）

可以建立一种新型货币吗

自从 1973 年浮动汇率首次成为新正统观念，两个经济思想流派一直争论不休。

多数的一方认为，浮动汇率是必要的，并且永远都可取。他们认为任何回归固定汇率的做法都可能造成灾难，因为如果政府负责调整汇率，似乎周期性的危机就会积累起来。

当前少数的一方认为，浮动汇率只会助长不负责任的财政措施的出台和通胀。他们主张恢复固定汇率，将其作为迫使政府控制货币供给的手段。

两派的观点似乎互不相容。然而，我们很可能已经朝着将这两种观点制度化的双重货币和货币结构前进了一半。其中一重是国家货币，这种货币由各国政府发行和操纵，彼此之间相互影响，汇率是浮动的。另一重是跨国货币，这种货币由世界银行体系持有的、以购买力计价的记账货币构成。

现如今，世界经济中的大部分商业和贸易都是使用"欧洲货币"进行的，包括欧洲美元、欧洲马克、欧洲日元、欧洲瑞士法郎等。教科书起初把欧洲美元定义为存放在美国银行但由外国人持有的美元。但这个定义在很久前就已与现实完全不相符了。欧洲美元（或欧洲马克、欧洲日元、欧洲瑞士法郎）是纯粹的跨国货币，由任何人拥有且存放在任何地方。通常，这些欧洲货币也许是某公司或个人为获得较高利率而在其他国家存款时形成的。

欧洲美元在 20 世纪 60 年代中期开始流行，当时约翰逊总统通过强行限制美国的海外投资首次放弃了美元的关键货币地位。但欧洲美元是苏联国家银行[○]在 20 世纪 50 年代发明的（这是一个绝妙的讽刺），当时苏联人把存放在美国的美元取出，放在苏联国家银行伦敦分行，并开始以此为基础发放贷款。苏联人的意图是使这些存款免受美国政府行为的影响，结果创造了一种可能拯救了世界经济乃至自由市场体系的金融工具。

20 世纪 60 年代，人们假定欧洲美元仍是国家货币和受国家管制的货币的次要附属品，并且假定美元会保持坚挺，美国政府既有意愿又有资源维持其在国内外的币值。

15 年前，这两种假定都是合理的。现在两者都已被事实证伪。欧洲货币已成为世界经济的主导货币，且各个国家货币正迅速成为附属品。1979 年，在世界银行体系中流通的欧洲货币有 9000 亿美元，扣除银行间贷款后有 6000 亿美元（1981 年注：现在的数字高得多）。这比世界上自由市场发达国家中所有的国家银行存款还要多。

但现在肯定也非常清楚的是，即使现在为发达国家带来巨大利润的是世

○ 苏联国家银行（Soviet Union's State Bank），苏联银行体制的核心机构，集中央银行和商业银行的职能于一身，负责发行货币，制订全国金融计划，监督其他银行，独揽全国工业流动资金信贷和农业方面的基本建设投资拨款。——译者注

界经济，每个现代政府仍必须把国内和短期的考虑（就业、保护垂死产业、出口产品的竞争地位）放在对外部世界的关注之前。换言之，不可能再有任何一种人们可以有信心地预计会在任何时段内保持稳定甚至可预测的"关键货币"。

无疑，新的欧洲货币联盟（欧洲货币体系）刚刚迈出试探性的第一步，一些发起者希望基于联邦德国马克的欧洲货币将成为世界经济的货币和贸易支撑。但正如 1979 年夏天非常能干的联邦德国财政部部长汉斯·马特赫费尔在法兰克福所言，这其中包含了三个假定：①美国将保持美元稳定，而非使其外汇价值服从对美国国内就业和贸易平衡的考虑；②法国将愿意冒严重失业的风险捍卫法郎；③保守党政府执政的英国也将采取类似的行动。

马特赫费尔先生认为，"在短期内"这些假定是合理的——但不足以作为未来世界经济的基础。（1981 年注：显然，甚至"在短期内"马特赫费尔先生也错了。）

对欧洲货币的发展有两种回应。第一种是试图予以废除。实际上，这是美国卡特政府的目标，它曾公开提议把欧洲美元市场的"无国籍货币"重新置于美国货币和财政机构的管辖和监管之下。这种尝试注定失败。只有联邦德国人表示支持，但也不热心。英国、法国、日本政府都不喜欢这个提议。而且，如果美国和联邦德国成功地削弱了现有体系，那么显然贷款方会设计一个新体系，就像其前辈们 15 年前设计了欧洲美元那样。

第二种回应来自欧洲货币市场中的主要贷款方、欧佩克成员国以及总部位于有大量贸易顺差的国家（主要是西德和日本）的跨国公司。那些贷款方正努力推动欧洲货币向真正跨国货币的转型。他们需要的货币与任何一种面额无关，而是（例如）通过保证以固定汇率兑换成其他货币的"市场篮子"，通过根据主要工业国家的批发商或制造商价格指数来编制的指数，或者通过类似 19 世纪的传统黄金条款[⊖]，与购买力挂钩。

在 1979 年穿越欧洲主要经济中心的一次旅行中，我在伦敦、法兰克福、布鲁塞尔、马德里、斯德哥尔摩见到的银行家和政府的经济学家，几乎都跟我说，向这种欧洲跨国货币的转型不可避免。

正如某大型银行的一位负责人指出的，欧佩克成员国坚持使用美元是出于政治原因。鉴于美元的迅速贬值和向工业国支付的制成品价格的迅速上涨，这些国家还能坚持多久呢？事实上，在 1979 年伊朗危机推高油价前，欧佩克从石油中获得的购买力已经下降到 1973 年欧佩克卡特尔生效前的水平。在很大程度上这是由欧佩克自身的行为造成的，且那些经过证明的传统经济理论长期以来一直教导我们，除非产品和生产能力存在真正有形的短缺，否则卡特尔不能且将不会增加产业成员的实际收入，这是欧佩克成员国没有看到或不承认的。

因此，即使欧佩克最负责任、最明智的成员国也自认为，存放在世界银行体系中的资金几乎被迫需要采取一种防止发达国家通过货币贬值来加以侵占的形式，也就是一种跨国货币的形式。法兰克福的一位联邦德国银行家在谈到自己的客户（联邦德国的大型跨国公司及其出口公司）时说了几乎相同的话。

这种转变会以多快的速度发生？会走多远？一位跟阿拉伯国家开展业务的银行家说："3 年内，按面额计算的新增货币存款将有 1/3 通过某种方式转变为非国家货币。"法兰克福那位银行家认为这个比例过高，他认为更可能是 1/5。（1981 年注：法兰克福那位银行家基本上是对的。）

⊖ 黄金条款（gold clause），是指商业合同中允许债权人选择以黄金或黄金等价物接受付款的条款，从而避免债权人受通胀、战争、政府更迭等不确定性因素的困扰。——译者注

或许某大型美国银行在伦敦的高层管理者的评估最可信。他说："转变刚刚开始，但有急剧上升的趋势。因此银行将不得不对以欧洲存款为抵押的贷款采取同样的购买力保障措施。我们擅长对冲货币风险，我们不得不擅长此道。但任何银行都没有足够能力对冲哪怕是 1/10 的存款风险。因此银行发放的贷款也将采用跨国货币，而非由银行承担国家货币自身的风险。"（1981 年注：这始于 1980 年。）

在 20 世纪 40 年代初，约翰·凯恩斯开始倡导一种名为"班科"⊖的真正意义上的跨国货币，并提议由多位银行家和经济学家组成一个跨国非政治性团体来管理。凯恩斯的提议在 1944 年的布雷顿森林会议上被美国凯恩斯主义者否决，部分因为他们对"英帝国主义"的猜疑，部分因为他们想要美元成为世界的关键货币，并确信美元能够扮演该角色，尽管当时凯恩斯警告说，确立某种"关键货币"已成为一种危险的自欺欺人。后来在 20 世纪 70 年代中期，反对凯恩斯主义的主要人物哈耶克提议，政府完全退出货币事务，将这项工作移交给相互竞争的各家银行，由市场决定愿意信任哪家银行的货币。

这两项提议都不可能成为现实。我们现在知道，凯恩斯大大高估了"价值中立的专家"做出非政治性决策并将其强加给各国政府的能力。而且，在可预见的未来，哈耶克的提议也不太可能被政治人物、议会或财政部接受。但我会说，这两项提议所立足的假设（即货币太重要了，不能托付给政治人物和政府）现在几乎被普遍接受了（或许财政部长们除外）。甚至那些不懂经济学但看到自身收入的购买力逐月下降的普通人也逐渐接受了。

⊖ "班科"（bancor），在 1944 年关于战后国际货币安排的谈判中，凯恩斯提议创建的一个国际货币单位，但最终被否决。——译者注

当然，甚至连财政部长们也包括在内，没人再相信政府有能力、有诚实正直的品格来负责任地且非政治性地管理货币，而在 20 世纪 30 年代初我参加凯恩斯在剑桥大学举行的研讨会时，大家都曾天真地相信政府可以做到。

因此，面向世界经济的跨国货币，也就是以任何一种国家货币计价但以某种方式与购买力挂钩的货币，是合乎逻辑的且或许是不可避免的。它不可能像凯恩斯提议的"班科"那样有序，也不可能像哈耶克提议的自由市场、竞争性银行货币那样理性。它将是混乱的、艰难的、复杂的、有风险的，并将会引起无尽的摩擦。而且，正如中央银行的历史充分证明的那样，中央银行试图成为发行银行，既要管货币，又要管注重流动性和利润的商业银行，这会面临非常现实的危险。双重货币可能不但不能解决问题，还会使问题更严重。

但跨国货币可能奏效。当今世界既需要受到政治控制的、为短期政治权宜之计接受管理的各个国家货币，又需要足够稳定从而在日益相互依存的世界经济中为贸易和投资提供资金的跨国货币。因此，尽管存在种种缺陷，但跨国货币很可能会成为现实。

（1979 年）

日本人的西化程度有多高

一位著名历史学家说："我极其厌恶日本学术界弥漫的裙带关系，年轻学者应基于成绩而非家庭纽带来成就自己的事业。这就是我把四个女儿都嫁给最有能力且最聪明的博士生的原因。这样我就能够做日本传统期望我做的事了——让我的女婿们成为最优秀的教授，并且可以问心无愧地那么做，因为我知道那是他们应得的。"

在东京现代化的工作室中，一位成功的独立电影制片人说："我们这里完全是西化的，甚至有一位女副总掌管财务和行政工作。但是，德鲁克教授，您能做媒在美国给她找个对象吗？她已经 30 岁了，该快点结婚啦。"

那位迷人的女副总插嘴道："如果您做媒给我找个美国对象并安排结婚，那就太好了。没有日本人会愿意同我这样从事专业和行政工作的女性解放论者结婚。"我问道："只能采取这种安排婚姻的方式吗？"她答道："当然，其他方式风险太高。"

一家领先的高科技公司的董事长多次告诉我，"10～15年后，年轻的大平将成为公司CEO"。但当我在最近的日本之行中询问大平的情况时，却出现了令人尴尬的沉默。这位董事长说："我们不得不让他离开，他是长子，他的父亲在神户拥有一家小型批发公司，要求大平接掌家族企业。我们试图劝说那位老人不要这么做，但他非常固执，所以我们不得不让大平离开。"

我问道："他想离开吗？""当然不想，但他没得选择。如果他留下来，他也永远不会得到提拔。毕竟，管理者必须以身作则，在日本，人们仍期望长子能继承父业。"

曾在新闻发布会上为我担任翻译的年轻女子问我，她和丈夫（一名生化学家）可否来听听我的建议。他们的难题是什么呢？口译员的收入非常高，所以她的收入超过了丈夫，而根据日本的资历规定，她丈夫再过六年才能成为正教授。那时两人的位置才会翻转过来。丈夫的收入会达到现在的三倍，并且妻子计划到那时再腾出时间来生孩子。然而，夫妻双方的家人都不同意，并不断地唠叨。

我问："妻子的收入更高，你们感到烦恼吗？"两人都答道："一点都不。"我说："那你们为什么非得告诉家人呢？"他们面露喜色地告诉我，我挽救了他们的婚姻，对我千恩万谢。我问："真的需要我来告诉你们那么做吗？"他们说："当然不是，但这是在日本，做任何不合常规的事都需要得到某位长者的指点。其实我们在来寻求建议前，就已经非常确定您将要告诉我们什么了。"

因此，有大量证据支持一些"日本通"的观点：日本人的西化不过是实现了"朝九晚五"而已。同日本人打交道时，上述说法肯定要比我所听到的一位瑞士银行家的观点稳妥得多。这位银行家建议继任的东京分行代表说："把他们当成拿着德式公文包的美国 MBA 毕业生。"更不用提"日本人是住在兔子窝里的经济动物"这样的奇谈怪论了——这是某些欧洲共同市场经济学家讲的，被日本各界人士引用，并让他们感到既好笑又愤慨。

一位经验丰富的猎头说："20 年来，我一直负责安排日本管理者到西方人的公司里工作。那些能够成功地吸引并留住真正能干的日本人的公司都懂得，不管这些人的英语多么流畅，或者多么喜欢威士忌而非清酒，他们的行事方式仍会像普通日本人一样。"

事实上，除"朝九晚五"外，日本人在过去几年中很可能正变得更加"日本化"，而更少"西方化"。

例如，10 年前或 15 年前，能剧[⊖]（一种传统的格式化的日本歌舞剧）演出场所往往无人问津，为数不多的观众主要是老年男性，有人怀疑他们到此是为了享受空调。但 1980 年 6 月我去看了一场能剧演出，场下座无虚席，多数观众看起来是专业人员或年轻管理者。

但事情很少那么简单，并且在日本绝不会那么简单。来看看下面的例子吧。

一位日本老朋友 20 岁的女儿（她还在蹒跚学步时，我就认识她了）告诉我，她在学校主修哲学。她说："上学期我参加了一场精彩的柏拉图著作研讨会。"我问："你们手里有好的日译本柏拉图著作吗？"她佯装生气地回答："我们不读译作，我们读柏拉图的希腊语原著。这学期我们要读康德和叔本华的德语原著，并且我还上一门非常有趣的课程，内容包括怀特海、罗

⊖ 能剧，一种日本传统戏剧，以传统文学作品为脚本，辅以面具、服装、道具和舞蹈，"舞"是能剧的主干要素，表现的是一种超现实世界。——译者注

素、维特根斯坦以及符号逻辑[⊖]，当然，它是英文授课。"

我问她："平时你做什么来消遣？"她答道："**那**就是我的消遣。当然，我也不得不为工作和谋生做好准备，所以我在练柔道。18个月前，我已经拿到了黑带，目前正在准备教练考试。我已经是我们大学柔道俱乐部的顾问，希望明年毕业后学校能聘我担任柔道教师。""你不要笑，"她叫道，"我是非常认真的。现在很多日本女孩都在学习医学、会计学甚至工程学，但这些都是源自西方的学科，我们女性要被社会平等地接纳，就不得不采用纯日本的方式。还有什么能比柔道更有日本特色呢？"

我跟宫子小姐认识时，她还在大学读二年级，在我们徒步旅行和露营期间担任翻译。她携六岁的女儿和在一家大型贸易公司担任中层管理者的丈夫一起来拜访我们。她坦率地说，她和丈夫都很想再要一个孩子，但后来又决定不生了。

宫子说："可能会是一个男孩，当然，我们两人都希望如此。但那时公司将会不再派我们俩出国，或者会要求我留在日本陪伴孩子，只派他一个人去。您知道，男孩必须在日本长大才能被认可是一名日本人。现在，我丈夫正在等待前往纽约或洛杉矶。"我问："你们为什么这么渴望去国外？是因为有更好的职业前途吗？"

她丈夫说："正相反。如果我待在总公司，10年后很可能进入高层管理团队；如果我出国，就会被贴上外国业务专家的标签，永远都不能进入高层了。但为了获得国外的自由生活，这是非常值得付出的代价。我无法形容我

⊖ 符号逻辑（symbolic logic），又称数理逻辑，用数学方法研究思维的形式结构及其规律。——译者注

和宫子有多么喜欢被公司派驻到杜塞尔多夫⊖的七年时光，那时我们在傍晚一起去听音乐会或歌剧，周末则到户外徒步或露营。如今，按照日本的风俗习惯，我们将不得不同宫子的父母一起生活，两位老人期望我们能在周末照料他们。我没有时间陪伴妻子和女儿。几乎每个工作日的晚上，我都不得不同上司或下属在银座酒吧喝到晚上 11 点。您无法想象我和宫子对日本人永无休止的聚会有多么厌烦。所有派驻国外的同事都有同感。"

有一种古老且迷人的日本习俗正在复兴，那就是用一件精致且昂贵的艺术品来作为狭小而空荡荡的日式公寓唯一装饰。但现在年轻夫妇开始装饰自己的家时很少购买日本艺术品，他们会购买毕加索的蚀刻版画⊜、前哥伦布时代的墨西哥或秘鲁陶器、印度莫卧儿帝国⊜时期的细密画，或者一个据传是伊特鲁里亚人⊛墓葬中发现的陶俑等。

在六月一个炎热的星期日，我从挤满了婴儿车的东京南部海滩上穿过，似乎这些年轻家庭与 20 年前的年轻家庭一样，由爸爸、妈妈、两个孩子组成。20 年前，爸爸大摇大摆走在前面，两手空空；妈妈跟在后面，背着一个孩子，领着另一个孩子，并且带着各种随身用具。现在是妈妈领着大点的孩子走在前面，爸爸抱着婴儿跟在后面，带着便携电视、冰桶、沙桶和铲子、午餐盒、气球、充气动物等。在人来人往的海滨路上，一群骑摩托车的

⊖　杜塞尔多夫（Dusseldorf），德国文化艺术名城，市区有大量名胜古迹、艺术学院和博物馆，也是德国广告业、服装业、展览业和通讯业的重要城市。——译者注

⊜　蚀刻版画，是一种版画的作画方法，先在金属板上雕刻，然后用强酸腐蚀，制成凹版，再用油墨印刷成版画。——译者注

⊜　莫卧儿帝国（Moghul India，1526—1857），印度多民族封建王朝，创造出了璀璨的文明成果，全盛时期囊括几乎整个南亚次大陆和阿富汗东部的领土。——译者注

⊛　伊特鲁里亚人（Etruscan），意大利的古代民族，公元前 6 世纪达到发展顶峰，在习俗、文化和建筑等方面对古罗马有一定影响。——译者注

年轻男子在拥挤的车流中穿行，大喊着接走单身女孩。但你瞧，突然出现了一队骑摩托车的年轻女子，她们也正在寻找年轻男子。

根据日本民间传说，人会在 60 岁生日时重生，并像婴儿一样重新开始生活。去年春天，日本天皇过 80 大寿（即他的第二个 20 岁生日），皇后为丈夫挑选了一个最符合这种日本独特传统习俗的礼物——一把电动剃须刀！

（1980 年）

需要实行充分投资预算

在发达的非社会主义国家，过去 30 年的经济政策很大程度上基于对凯恩斯的"看不见的手"的相信：消费需求会自动地、可靠地创造投资和就业。但这 30 年以及再往前 20 年罗斯福新政政策的证据，都不能证实凯恩斯理论的正确性。在过去 10 年或 15 年里，现实情况恰恰与凯恩斯的假设相反：促进消费的政策已导致资本形成急剧下降、投资减少、生产率降低、失业问题越来越棘手，而"软着陆"成为自欺欺人的说法。

多年来唯一的例外是不实行凯恩斯主义的日本。在其工业迅速增长并崛起为经济强国的时期，日本的经济政策是围绕资本形成而非消费来制定的。结果，日本创造了世界上最高的储蓄率、高投资、迅速提高的生产率、高就业率，以及不断增长的消费。但几年前，很大程度上由于 1979年伊朗革命后的第二次"石油危机"，日本也加入了遵循凯恩斯主义的国家的行列。日本现在正试图通过稳步增长的国家预算赤字来提振消费需求，短期内这当然总是受欢迎的，显然不需太费力，因而在政治上很有诱惑力。然而，日本的资本形成几乎立刻开始下降，生产率的增速急剧放缓。如果日本在凯恩斯主义的"享乐之路"上再走几年，那么它也可能容易遭受滞胀（由资本形成不足、生产率滞后、消费过度引起的消耗性疾病[⊖]）的影响。

即使是凯恩斯主义者，现在也承认美国经济最需要的是迅速提高资本形成。除少数顽固的凯恩斯主义者（主要是政治人物而非经济学家）之外，所有人现在都承认没有魔法棒般的凯恩斯"乘数"能自动把消费需求转化为资本和投资。未来的资本需求确实非常庞大，可能超过第二次世界大战期间爆炸性的工业建设以来我们面临的任何资本需求。汽车制造业等主要的老产业需要迅速实现自动化，否则10年后美国的汽车业将不复存在。电信、微处理器、生物工程等新兴产业都需要大量投资，它们都是高度资本密集的产业。无论我们采取何种方式（通过煤炭、"合成燃料"、原子能）解决能源产业的难题，资本都是所需的基本要素。1950年或1960年以来，我们的交通运输基础设施已恶化，铁路、港口、高速公路每年需要数十亿美元的资本投入才能维持运行。

但如何能把公认的、持久的投资需求纳入决策过程和美国经济政策中呢？答案很可能在于实行充分投资预算。

20年前的肯尼迪政府初期，我们提出了充分就业预算[⊜]的概念。它从凯恩斯主义的假设（消费创造投资，因而创造就业）出发，计算了把失业率降

⊖ 消耗性疾病（wasting disease），过度消耗身体的能量物质、造成机体能量负平衡的疾病总称，如肺结核、恶性肿瘤、红斑狼疮等。——译者注

⊜ 充分就业预算（full-employment budget），政府根据凯恩斯主义财政思想设计的实现充分就业、缓解经济危机的政策措施，是一种预算政策。——译者注

至理论上的充分就业水平所需的额外消费需求。进而，根据充分就业预算的逻辑，政府的赤字支出会用来为消费者提供所需的额外个人收入和购买力。唉，该理论没有奏效，赤字支出是创造了个人收入，但一再地没能创造所期望的投资。

充分投资预算不会通过预算赤字或预算盈余来运作。其目标主要是不做错事，即不惩罚资本形成、储蓄、投资，或不补贴过度消费。起码在初期，其最重要的成果可能是识别和诊断：美国经济需要的投资与实际得到的投资之间有多大差距？特定的经济、税收、货币政策对资本形成有什么影响？它们是促进还是抑制资本形成？

如同充分就业预算，充分投资预算也要从就业岗位开始着手。在未来 3 ～ 5 年内，美国经济不得不创造多少工作岗位？什么样的工作岗位？接着要问的是："创造这些工作岗位需要多少投资？"因为决定美国投资需求的关键是下述事实：相比以往的工作岗位，当前和未来劳动力队伍的工作岗位需要更多得多的资本的投入。

最典型的例子是美国最先进、最接近自动化、知识密集程度最高、迄今为止生产率最高的产业——农业。当前 60 万商业化农场主的产量占美国农业总产量的 3/4 以上，是 1940 年 600 万商业化农场主产量的 3 ～ 4 倍。但以当前货币计算，1940 年每名商业化农场主的资本投资额不到 3.5 万美元。现如今，这个数字已接近 25 万美元，这还不包括向当今科学化的农场主提供教育的投资或提供复杂的推广服务、营销服务、信贷服务的投资。

在当今的现代制造型工厂中，一名体力劳动者的工作岗位需要投资 4 万～ 5 万美元，这大概是以往每名商业化农场主所需的投资。知识工作者（升级为机器程序员的装配线机器操作员，或者自动化医院实验室的技术员）需要的投资是一名体力劳动者的工作岗位所需投资的 2 ～ 3 倍。如今在办公室工作的秘书使用的设备价值 3000 美元。其继任者，即未来办公室中的信息专家，则需要近 2.5 万美元的资本投资。正如农业所证明的那样，生产率的提高幅度可能会非常大，但这不是重点。我们确实没有选择。我们的劳动力供给当中，有资格作为知识工作者的人越来越多，只有配备了从事知识工作所需的工具，并得到适当资本投资的支持，他们才能有生产率。在进入劳动力市场的年轻人中，80% 已经高中毕业，且 40% 会至少继续再上 2 年学。因此，大多数年轻人都期望从事知识工作，且实际上也无法从事任何其他工作。无论是否喜欢，除非我们创造适合劳动力供给并使其有生产率的工作岗位，否则将既不会有生产率也不会有充分就业。因此，充分投资预算是唯一能奏效的充分就业预算。

实际上，充分投资预算与其说是创新，不如说是适应。越来越多的公司，尤其是领先的公司（如美国电话电报公司或通用电气公司）把投资规划视为公司战略的核心。这些公司已认识到，只有吸引到并投入适当的资本，才能获得所追求的销售和利润。

同样，我们需要认识到，除非进行所要求的资本投资，否则将没有所需的工作岗位；只有在资本形成充足的情况下，我们才能实现就业和生产率的总体目标。

正如每名经济学一年级学生所了解的那样，50 年前凯恩斯“否定了‘萨伊定律’”，根据该定律，储蓄会自动创造投资。但事实证明，认为消费会自动创造投资的“凯恩斯定律”更不成立。远比萨伊定律或凯恩斯定律更接近事实的是，投资会创造就业。实际上，现在每个人（无论是保守派还是自由派，凯恩斯主义者、弗里德曼主义者还是"供给学派"[⊖]）都接受这一点。
但到目前为止，我们还没有一种机制来把这种见解转变为政策和有效行动，
我们目前还没有充分投资预算。

（1981 年）

⊖ 供给学派（supply-siders），20 世纪七八十年代美国的经济学流派，主张降低边际税率和放松
　管制，其核心理论表现为拉弗曲线。——译者注

回归艰难的选择

整个西欧，从法兰克福、波恩到布鲁塞尔再到奥斯陆，无论景色和语言多么不同，今年的经济状况都一样：生产率下降、失业（尤其是年轻人失业）率上升、政府赤字膨胀、通胀加剧、投资停滞。"滞胀"，在 10 年前是"英国病"，在 3 年前是"美国病"，现在已成为"欧洲病"。

当然，欧洲的政治家们都把遭受的痛苦归咎于外部，欧佩克是他们最喜欢指责的对象。尽管欧洲经济最不景气的三个国家（英国、荷兰、挪威）都是原油和天然气净出口国，并因此受益于高油价。

美国"人为的高利率"和"人为的高美元汇率"的经济政策是他们喜欢指责的另一个对象。然而仅仅两三年前，欧洲人还在抱怨"美国的利率被人为压低"且"美元的汇率被人为降低"。甚至政治家们也承认，流向美国的大部分资本不是"热钱"，也不是受高利率吸引的短期存款，而是长期投资，几乎不受利率差异的影响。

尽管所有西欧国家都患有同样的疾病，但各国的治疗方法截然不同。英国在撒切尔夫人保守党的领导下，正推行世界上首次的货币主义⊖试验。法国在德斯坦⊜的领导下践行一种把税收负担从生产转移到消费的供给学派经济学。

联邦德国人后来才成为凯恩斯主义者，他们践行"需求管理"，为创造就业和促进消费而提供巨额补贴，结果导致政府赤字失控。而且，如今法国在新总统密特朗⊜的领导下来了个 180 度的大转弯，践行比莱茵河对岸⑭更激进的凯恩斯主义，实行"政府注资"、大幅提高工资且缩短工作时间、实行更高养老金的强制退休、猛增政府开支。

上述治疗方法都完全无效。

问题在于，欧洲人仍然认为经济政策可以相对不那么令人痛苦。在过去的半个世纪中，经济学在大西洋两岸向来被认为是一门"令人愉快的科学"。无论观点多么不同，各个经济学流派都认为自己可以带来无痛苦的繁荣，而又不必面对不受欢迎的政治选择。

100 多年前，托马斯·卡莱尔把经济学称为"沉闷的科学"⑭，因为该学科时时提醒我们：每种事物都有成本，因此就有了价格；除非首先被生产出来，否则任何东西都不能被消费；没有工作和投入，任何东西都不能被生产出来；尤其是，我们不得不在相互矛盾的满足之间，在当前和未来之间，

⊖ 货币主义（monetarism），美国的经济学流派，创始人为弗里德曼，他认为货币供给量是短期经济活动需求面的主要决定因素，修正了凯恩斯经济学的相关理论。——译者注

⊜ 德斯坦（Giscard d'Estaing，1926—2020），法国政治人物，1974 ~ 1981 年担任总统。——译者注

⊜ 密特朗（Mitterrand，1916—1996），法国政治人物，1981 ~ 1995 年担任总统。——译者注

⑭ 莱茵河是法国与联邦德国的界河，所以此处是指联邦德国。——译者注

⑭ "沉闷的科学"（dismal science），英国历史学家托马斯·卡莱尔在 1849 年的《黑人问题的偶然论述》中首次使用的说法，后人往往将其与 19 世纪政治经济学的悲观预言（例如马尔萨斯的观点）联系在一起。——译者注

在相互冲突的价值和总体目标之间做出选择。

然而，起码根据非经济学家和政治家们的理解，过去50年的经济学对经济选择难题一直鼓吹相对简单且没有痛苦的解决方案。凯恩斯主义的灵丹妙药本质上是对消费需求的管理，即通过政府开支创造购买力。货币主义的万灵药包括保持货币的稳定供给。对供给学派的经济学家而言，降低税率将同时增加消费、增加投资，**并且**提高总税收收入。

欧洲人仍想要信赖这些治疗方法。无论他们现在的政策是凯恩斯主义的、货币主义的，还是供给学派的，他们都表达了同样的希望，即一个国家及其政府无须面对艰难的政治选择。

对欧洲而言，真正的罪魁祸首既不是欧佩克，也不是美国的利率。欧洲的政策制定者必须面对某些艰难的结构性选择和政治选择。比如，多少国民收入可以从生产者转移到非生产者？对一个经济体的政府的日常开支规模需要有什么限制？在不加剧失业和萧条的情况下，多少国民收入可以划归为工资基金而不是资本基金？充足的资本形成需要什么奖励和激励措施？

这些都是不受欢迎的问题。任何答案都注定既充满争议又面临高风险。

但如果坚持过去50年的经济学理论来回避这些问题，风险可能更高。人们普遍认为，撒切尔夫人已遭遇惨败，因为她没有直面英国的结构性缺陷。她的政策仰仗货币主义的灵丹妙药，没有触动英国经济中没有生产率的部分（过度膨胀的政府、薪酬过高的公务员、获得大量补贴的"失败者"），反而全力打击有生产率的部门。德斯坦版的供给学派经济学产生了相同效果，施密特[⊖]版的凯恩斯主义经济学亦如此。

⊖ 施密特（Helmut Schmidt, 1918—2015），联邦德国政治人物，1974～1982年担任总理。——译者注

"人为的高利率"不能解释为什么欧洲资本正寻求在美国投资，实际上，这种高利率反而可能会产生某种遏制作用。真正原因在于，里根政府正在处理结构性难题并做出选择。里根政府的一揽子计划中没有蕴含太多供给学派经济学思想，该时期几乎任何政府都要求大幅降低税率。但里根先生正在真正试图限制政府的作用，并削减五花八门的开支和项目。

该选择是否正确，是一个见仁见智的问题。我则希望看到政府拿出更大的勇气来解决社会保障和食品券等一些碰不得的问题，并对支持科研等政治上不重要但经济上重要的问题有更多的倾斜。但对里根政府的预算方案的最大愤怒不在于这些选择所导致的结果，任何其他的方案都会引起同样极其痛苦的抗议。它涉及对现实的接受和做出选择的需要。经济学再次成为一门"沉闷的科学"，即关于限制、风险与选择的科学。

欧洲也很快将不得不有样学样，并让经济学再次成为"政治经济学"。对作为一门学科的经济学而言，这种变化可能不是坏事。当然，经济学家将不再受欢迎，也不再是政治家们的朋友，因为没人喜欢穿刚毛衬衣[⊖]。但是，毕竟经济学是一门研究在稀缺条件下进行理性决策的学科。这样一门学科也许更适合作为一个有良心的伙伴，而不是一起寻欢作乐的伙伴。

（1981 年）

⊖　刚毛衬衣（hair shirt），一种用麻布或动物毛发制成的紧贴皮肤的服装，旨在刺激皮肤，使人感到痛苦，有的基督徒常在忏悔时会穿。——译者注

"企业伦理" 问题

　　"企业伦理" 取代了以往的 "社会责任"，迅速成为 "热门" 话题。现如今，哲学系、商学院与神学院都在讲授企业伦理。关于企业伦理的研讨会、演讲、文章、会议与书籍不计其数，更不用提许多把企业伦理纳入法律的认真尝试了。但企业伦理究竟是什么？它能够是什么？或者应该是什么？企业伦理不过是又一种时髦，或只是美国最新一轮给企业下诱饵的古老流血运动吗？相比于复兴派牧师呼吁罪人忏悔，企业伦理有更多内容吗？如果所谓的 "企业伦理" 确实存在，且可以认真对待，那么它会是什么呢？

　　毕竟，伦理不是最近才出现的。几个世纪以来，哲学家们在对人类行为的研究中形成了不同的伦理方法，各种方法得出了不同的结论，甚至是相互冲突的行为准则。那么，企业伦理适用于何处？或者，它有没有适用之处？

　　困惑如此之大，噪声甚至更大，也许我们可以尝试采取历代哲学家的主要方法，来厘清企业伦理可能是什么和可能不是什么（不过我之所以有做这种尝试的资格，只是因为在人们想到企业伦理之前的很多年，我曾经教授过哲学和宗教课程，并且后来努力研究过错综复杂的"政治伦理"问题）。

企业伦理与西方传统

在西方传统的伦理学者看来，企业伦理纯属胡说八道。实际上，这个词最令他们反感，而且散发着强烈的道德败坏味道。当然，对于什么是道德的基础（无论是神意、人性，还是社会需求），伦理学权威们意见不一。他们同样对特定的伦理行为准则存在分歧，例如最严厉的道德准则"摩西十诫"，要求人们"不可贪恋人的……仆婢"，但却没提及对女雇员的性骚扰问题，尽管在那时性骚扰显然与现在同样普遍。

然而，从旧约先知一直到 17 世纪的斯宾诺莎、18 ～ 19 世纪[⊖]的康德、19 世纪的克尔凯郭尔、19 ～ 20 世纪[⊜]英国的布拉德雷（代表作《伦理学研究》）和美国的埃德蒙·卡恩（代表作《道德决策》），所有西方传统的伦理学权威在一点上完全一致，那就是：关于**个人**行为，只有一套伦理、一套道德准则、一套规范，其所包含的规则无差别地适用于每个人。

异教徒会说："允许朱庇特[⊜]做的，却不允许傻瓜做。"^⑨因此他会认为，适用于朱庇特的行为准则与适用于普通人的行为准则不同。犹太教徒或基督教徒会不得不拒绝这种伦理差异，因为所有经验都表明，这种区别对待通常

⊖ 原文为 18 世纪，疑误。——译者注

⊜ 原文为 19 世纪，疑误。——译者注

⊜ 朱庇特（Jupiter），古罗马神话中的众神之王，对应古希腊神话中的宙斯。——译者注

⑨ "允许朱庇特做的，却不允许傻瓜做"（Quod licet Jovi non licet bovi），拉丁谚语，是指存在双重标准。——译者注

会导致强大、富有、有权有势的"朱庇特"不受卑微、贫困的"普通人"不得不遵守的行为准则的约束。

西方传统的伦理学者接受"从轻从宽"和"从严从重"的情况。他们认为，偷面包给饥饿的孩子们吃的可怜寡妇应从轻从宽处理，主教有情妇比村子里可怜的助理神父有情妇是更可憎的罪行。但在考虑"从轻从宽"或"从严从重"前，必须先确定罪行。无论高低贵贱，罪行是一样的，偷盗就是偷盗，姘居就是姘居。之所以坚持这种只考虑个人而不考虑其在生活或社会中身份的规范，是因为如果不这么做，那些权势者、成功者就会获得伦理和道德法则的豁免。

对于伦理上正确的行为与错误的行为之间的差异，传统的伦理学者几乎毫无例外可以接受（实际上是坚持）的，只是那些根植于社会和文化习俗的差异，并且只关乎轻微的罪过，也就是只关乎行为方式而无关乎行为实质的罪过。所有伦理学者都认可，即使在最放纵的社会，忠于婚姻誓言也是值得赞扬的；但在极度性开放的社会（如 17 世纪王政复辟时期的英国[⊖]和 20 世纪后期的美国），性犯罪可能被视为从轻从宽的情况。即使最严格的伦理学者也坚持认为，除了真正的良心问题之外，在某地区或文化环境中受到道德质疑的做法，在其他文化环境中可能是完全可接受的，甚至可能是非常符合伦理的。例如，裙带关系在某种文化中可能被认为是不道德的，如在当今的美国。在其他文化中，它可能正是伦理行为的精髓，既可以尽到对家族的道德义务，又可以提高为民众提供无私服务的可能性。

⊖ 王政复辟时期的英国（Restoration England），一般指 1660 ～ 1688 年斯图亚特王朝统治的英国，包括查理二世（1660 ～ 1685 年在位）时期及詹姆斯二世（1685 ～ 1688 年在位）的短暂时期。——译者注

但关键在于，这些都是西方伦理传统始终赖以立足的基本公理的限定性条件。这种基本公理是：无论君主还是乞丐，富人还是穷人，强者还是顺民，只有一套伦理规范，即个人行为的规范。在犹太教 – 基督教传统中，不管造物主被称为上帝、自然还是社会，伦理都主张所有男女是相同的受造物。

企业伦理违背了上述基本公理。从传统伦理的主流观点来看，企业伦理无论可能是什么，都根本不可能是伦理。因为企业伦理主张，某些行为若出自普通人，那么就是符合道德的或合法的；若出自企业，那么就是不道德的或非法的。

在当前关于企业伦理的讨论中，一个典型的例子就是对勒索的处理。从来没人为勒索说好话，或主张付赎金。但如果你和我在遭受身体或其他实质性伤害的威胁下支付了赎金，那么这种行为不会被认为是不道德的或非法的。勒索者既不道德，也犯了罪。然而，如果某家企业屈服于勒索，当今的企业伦理却认为其行为不符合伦理。例如，关于企业伦理的演讲、论文、著作或会议无一不指责洛克希德公司[⊖]对一家日本航空公司的妥协，后者向洛克希德公司勒索钱财，以此作为考虑购买其难以为继的 L-1011 喷气式飞机的前提。[⊜]洛克希德公司付钱给日本人，这一行为与纽约中央公园的路人把钱包交给劫匪，几乎没什么区别，但没人会认为路人的行为不符合伦理。

同样，在参议院的确认听证会上，里根总统提名的一名内阁候选人被指

⊖ 洛克希德公司（Lockheed Corporation），美国航空航天公司，1912 年创立，1995 年与马丁·玛丽埃塔公司合并为洛克希德·马丁公司。——译者注

⊜ 此处是指 1976 年爆出的洛克希德丑闻，事件大致为：20 世纪 70 年代初，洛克希德公司推出中长程宽体三发动机喷气客机 L-1011，为进入日本市场，该公司向包括日本首相田中角荣在内的政要行贿。——译者注

控存在"不符合伦理的行为",并接受了数周的调查,因为他开在新泽西州的建筑公司被指控付钱给工会暴徒,这是在暴徒们威胁要殴打雇员、捣毁卡车、破坏建筑工地的情况下发生的。指控者后来承认自己是敲诈勒索,但似乎没人在意其是否符合伦理。

有人可能会争辩说,洛克希德公司和新泽西州的那家建筑公司付钱给勒索者是愚蠢的。但正如一句老话所言:"在军事法庭上,愚蠢不是罪行。"然而,根据这种新的企业伦理,愚蠢却恰恰成了罪行。这不符合人们向来接受的伦理。

传统伦理方法向来认为,企业有道德责任适应文化习俗,而新的企业伦理对此予以反对。在日本开展业务的美国企业聘请从日本政府公职退休的杰出公务员为顾问,现在被认为是严重不符合伦理的(实际上,即使不认为是刑事犯罪,也是一种值得怀疑的做法)。然而在日本,不这么做的企业会被认为违反社会公序良俗,没有承担明确的道德责任。日本人认为,照顾退休高级公务员的企业使得下面两种对公共利益至关重要的做法成为可能:45岁以上的公务员一旦被更年轻的人超越,就必须退休;政府薪资、退休养老金要低一些,这样纳税人的负担也会减轻,一流人才在公职上获得的收入与若他在私营部门工作可能获得的收入之间的差额,以退休后的顾问费的形式补足。日本人认为,退休后担任企业顾问的预期会鼓励公务员保持廉洁、公正、客观,并因此专心为公共利益服务,顾问职位是由以前他所在的政府部门为他争取的,并且推荐与否取决于同事们对他作为一名公务员的评价。联邦德国人也深信这种观点,并采取了类似做法——高级公务员有望通过担任行业协会的管理者来得到照顾。然而,尽管日本和联邦德国的制度看起来能够很好、很妥当地服务于各自的社会,尽管相同等级和能力的美国公务员在企业和基金会从事高薪的管理工作，甚至投身薪酬更丰厚的法律工作也被认为是完全符合伦理的，但是在日本经营的美国公司遵循日本人所认为的体现社会责任的本质的做法，却在当前的企业伦理讨论中被贬为不符合伦理的行为的可怕例子。

无疑，企业伦理认为，出于某种原因，普通的伦理准则不适用于企业。换句话说，企业伦理根本就不是西方哲学家和神学家通常所讲的伦理。那么企业伦理到底是什么呢？

决疑论：社会责任的伦理

西方哲学史学家会说："企业伦理是决疑论。"决疑论主张，由于肩负责任，统治者不得不在下述两者之间取得平衡：对他作为个人的普通伦理要求，以及他对臣民、王国或企业承担的社会责任。

决疑论最早由加尔文在《基督教要义》中提出，后来被反宗教改革运动的天主教神学家（如贝拉尔米内、博罗梅奥）接受，17世纪时，被耶稣会门徒发展为一种政治伦理。

决疑论是人们对深入思考社会责任问题，并将其嵌入一套为统治者制定的特殊伦理中的首次尝试。从这个角度看，企业伦理试图做的恰恰是300多年前决疑论所做的。并且企业伦理必定以同样的方式告终。如果企业伦理继续采取决疑论观点，那么可以很确定地预言，它必将在声名狼藉中迅速终结。

决疑论认为，统治者（行为会影响到他人的人）固有的社会责任本身就是一种伦理约束。就这一点而论，正如加尔文最早阐述的那样，使个人行为和良心服从社会责任的要求，是统治者的职责所在。

　　决疑论**最常引用的例子**是亨利八世⊖的首次婚姻，即他与阿拉贡的凯瑟琳⊜的婚姻。凯瑟琳与亨利生了一个女儿，即后来的"血腥玛丽女王"⊜，当时的天主教和新教神学家都认为，除非其中一人去世，否则已圆房的婚姻不能解除。但从决疑论角度看，天主教和新教神学家也都知道，亨利八世有解除这桩婚姻的伦理责任。当时人们仍记忆犹新，由于没有合法的男性继承人，英格兰曾陷入长达一个世纪的血腥内战，直到亨利八世的父亲凭武力夺取王位后战乱才结束。⑭换言之，亨利八世如果不解除婚姻，就会使国家和臣民再度面临致命危险，他远远不能凭借个人的良心为此辩护。新教和天主教神学家的分歧在于：教皇是否也有社会责任，并因此也有伦理责任同意亨利八世解除这桩婚姻。教皇没有同意，便相当于把亨利八世和英国臣民逐出了天主教。天主教决疑论者认为，假如教皇同意亨利八世解除婚姻，就会导致凯瑟琳的舅舅（神圣罗马帝国皇帝⑮）脱离天主教会，投入新教的怀抱；这意味着不是把数百万英国人推向异教、毁灭与地狱，而是把多倍于此的灵魂（即神圣罗马帝国皇帝治下所有土地上的所有臣民，也就是多数欧洲人）推向万劫不复。

⊖　亨利八世（Henry Ⅷ，1491—1547），英国都铎王朝第二任国王，为休妻另娶而与当时的罗马教皇反目，被逐出天主教会，遂推行宗教改革。——译者注

⊜　阿拉贡的凯瑟琳（Catherine of Aragon，1485—1536），西班牙公主，亨利八世的嫂子，后嫁给亨利八世，1533年两人解除婚姻。——译者注

⊜　血腥玛丽女王（Bloody Mary，1516—1558），英国女王玛丽一世（1553～1558在位），虔信天主教，在位期间迫害新教徒。——译者注

⑭　此处是指亨利七世（Henry Ⅶ，1457—1509）通过与约克的伊丽莎白联姻结束玫瑰战争，开创都铎王朝。——译者注

⑮　该时期神圣罗马帝国的皇帝是查理五世（Charles V，1500—1558），他完全忠于天主教，激烈反对宗教改革，经核实，他是凯瑟琳的姐姐胡安娜之子，应为凯瑟琳的外甥。——译者注

这可能被视为一个离奇的例子，但这只是因为我们的时代判断行为的根据是经济而非神学的绝对标准。这个例子表明了决疑论的谬误所在，以及它作为一种伦理方法必然失败的原因。首先，正因为决疑论把社会责任视为一种绝对的伦理标准，所以最终一定会政治化。把政治价值和总体目标置于首位，就会使伦理从属于政治。显然，这恰恰是当今企业伦理采取的方法。其起源在于政治而非伦理。它表达了一种信念：正因为企业及管理者具有社会影响力，所以其身负的责任必须决定伦理，因而这是一种政治约束而非伦理约束。

同样重要的是，决疑论者会不可避免地成为统治者或权势者的辩护人。决疑论始于下述洞见：统治者的行为影响的不仅是他们本人和他们的家人。因此它是从对统治者提出要求开始的，这是加尔文及 50 年后反宗教改革运动中天主教徒的出发点。进而它得出结论，在良心和伦理上，统治者必须使自身的利益（包括个人道德）服从肩负的社会责任。但这就意味着，在特定情况下，评价普通人行为的伦理准则不能同等适用于肩负社会责任的人。对统治者来说，伦理成为一种成本 – 收益计算，涉及个人良心的要求和职位的要求，这进一步意味着只要统治者的行为被认为能给他人带来收益，那么就可以免除伦理的要求。这恰恰是企业伦理的走向。

实际上，按照决疑论者的分析，对当前多数企业伦理支持者来说似乎是滔天罪行的（违背伦理的）行为，却变成了崇高的行为。

以洛克希德公司的贿赂案为例。由于该公司 L-1011 宽体客机引擎的供应商英国罗尔斯 – 罗伊斯公司⊖破产，洛克希德公司被迫向一家日本航

⊖ 罗尔斯 – 罗伊斯公司（Rolls Royce Company），1906 年创建，生产汽车和飞机发动机等产品，1971 年一分为二，分为汽车和航空发动机两间公司，2003 年宝马集团并购了其旗下的劳斯莱斯汽车公司。——译者注

空公司支付了勒索费用。当时，洛克希德公司雇用了约 25 000 名员工制造 L-1011 宽体客机，他们中的大部分人在南加利福尼亚州，1972 ～ 1973 年间，由于航空航天业的国防订单锐减，大批工人面临失业。为保住这 25 000 个人的工作岗位，洛克希德公司获得了大笔政府补贴。但为了维持这些工作，该公司还需要从至少一家主要航空公司获得一份 L-1011 宽体客机大订单。当时，唯一没有答应购买洛克希德公司的竞争对手飞机的主要航空公司，只有日本的全日空⊖。实际上，从洛克希德公司及股东的利益出发，显然要迅速放弃 L-1011 宽体客机。可以肯定的是，该机型永远不会赚钱，并且从未赚过一分钱。放弃该机型马上就能增加公司的收入，甚至可能翻番，还会立刻提高公司的股价，因此股市分析师和投资银行家都呼吁洛克希德公司甩掉这个沉重包袱。如果洛克希德公司放弃 L-1011 机型，而非为了几架飞机的订单（因此保住 L-1011 项目）向日本人支付勒索费用，那么公司的收入、股价、高层管理团队的股票期权和奖金都会立刻大幅上涨。但在决疑论者看来，拒绝向日本人支付勒索费用是自私自利的。决疑论者认为，支付勒索费用是一项职责和社会责任，公司、股东、管理者的利益不得不让步。在南加利福尼亚州飞机工业工作岗位稀缺的情况下，当权者支付勒索费用以保住这 25 000 人的工作就是在履行其社会责任。

与此类似，另一个关于企业伦理的可怕故事，在决疑论者看来似乎即使没有体现企业的无私奉献，也体现了企业的高尚道德。在 20 世纪 50 年代末的"电气设备共谋案"中，通用电气公司的几位高级管理者锒铛入狱。由于三家主要的电气设备制造商（通用电气公司、西屋电气公司、阿利斯－查默斯公司）串通瓜分重型电气设备（如涡轮机）的订单，所以相关人员被判违

⊖ 全日空，1952 年组建，是当今日本规模最大的航空公司。——译者注

反了反托拉斯法。但该"共谋罪"只是减少了通用电气公司的销售和利润，并降低了参与共谋的通用电气公司管理者的奖金和股票期权。自从对通用电气公司管理者的刑事起诉摧毁了这个电气设备卡特尔后，该公司在重型电气设备领域的销售和利润急剧增加，市场渗透率也大幅上升，实际上目前已接近垄断。该卡特尔这么做的目的（顺便提一下，这个卡特尔是经济大萧条时期在联邦政府的压力下成立的，旨在对抗失业）是为了保护三者中最弱小、对卡特尔依赖性最强的阿利斯－查默斯公司，这家公司位于萧条且衰落的老工业区密尔沃基市。政府的行动摧毁了这个卡特尔，阿利斯－查默斯公司就不得不退出涡轮机业务，并裁员数千人。虽然在国际市场上重型电气设备领域依然竞争激烈，但在美国国内市场上通用电气公司占据了主导地位，所以一旦发生战争，美国在涡轮机这种关键产品领域将没有重要的替代供应商。

决疑论者会赞同卡特尔在美国既非法又不道德，尽管在世界上其他国家未必如此。但决疑论者也会争辩说，违反美国法律的通用电气公司管理者有伦理责任根据更高的社会责任法则来这么做，从而保护密尔沃基地区的就业和美国的国防生产基地。

对于这些例子，唯一令人惊讶的是企业尚未据此效法企业伦理的决疑论潮流。因为就像17世纪统治者的几乎任何放纵行为都会被加尔文、贝拉尔米内或博罗梅奥的门徒证明是履行伦理责任一样，根据决疑论者在个人伦理和社会责任要求之间的成本－收益分析，当今组织中（无论是在企业、医院、大学中，还是在政府机构中）管理者的几乎任何行为都能被证明是在履行伦理责任。确实有很多迹象表明，最不关心政治的当权者（美国的企业管理者）正逐渐认识到企业伦理的政治潜力。面对以社会责任和企业伦理的名义发起的抨击，某些大公司（例如美孚石油公司）正在投放的广告显然采用了决疑论方法来捍卫自身的业务，反击那些抨击。但如果企业伦理沦为管理者的工具，用来辩称自己的行为符合伦理（若任何其他人做出这种行为就会受到谴责），那么如同400多年前的决疑论前辈一样，当今企业伦理的支持者将会咎由自取。

决疑论始于高尚的道德。最终，其伦理被概括为两句非常流行的讽刺语：18世纪广为流传的双关语"大使是诚实的人，但为了本国利益不得不在国外撒谎（或居住）"[⊖]；100年后俾斯麦的名言，"如果一位部长在私人生活中只做到了忠于职责所要求的一半，那么他会是一名多么卑鄙无耻的人啊"。

然而，在这两句话之前很久，由于招致强烈的道德反感，决疑论就已被彻底否定了。对决疑论最持久的记忆，可能是西方对它做出的回应：重建约束个人的普适伦理体系，不考虑其身份、功能、社会责任。这也就是斯宾诺莎在《伦理学》及同时代的布莱斯·帕斯卡尔在《致外省人信札》中构建的体系。但也正由于接受了决疑论，耶稣会士才遭人憎恨和鄙视，"耶稣会的"成为"不道德的"同义词，并导致18世纪教皇发出镇压耶稣会的命令。这是值得当今企业伦理支持者（其中许多是神职人员）深思的一个教训。在信奉天主教的欧洲国家，正是决疑论（超过任何其他因素）引发了知识分子的反教权论[⊜]。

毫无疑问，企业伦理与决疑论非常相似。就像决疑论一样，企业伦理的

⊖　这句话出自英国外交官沃顿爵士（Sir Henry Wotton，1568—1639），他的原话为" An ambassador is an honest gentleman sent to lie abroad for the good of his country"，这是一句双关语，" lie"既可以理解为"撒谎"，又可以理解为"居住"。——译者注

⊜　反教权论（Anti-clericalism），是指反对宗教在政治和社会领域享有权威的理论，要求政教分离。——译者注

起源是政治性的。企业伦理的基本主张是，当权者尤其是企业管理者的伦理不得不体现社会责任，这正是决疑论的出发点。然而，如果企业伦理是决疑论，那么将无法持久，并且远在被淘汰之前，企业伦理就会沦为管理者为自身行为辩护的工具（其他人做出同样的行为，就是不符合伦理的），而不是约束管理者并对企业施加严格伦理限制的工具。

审慎伦理与自我发展

西方另一个主要的伦理传统是审慎伦理。这可以追溯至亚里士多德，他极为推崇作为一种枢德[○]的审慎。审慎伦理在通俗文学传统中几乎延续了两千年，并且在《论基督教君主的教育》[○]中达至顶峰，但在马基雅维利的《君主论》[○]中被斥为谬论。第二次世界大战初期，当时担任参议员的哈里·杜鲁门建议一位到他所在的委员会作证的军官："将军应该绝不做任何需要向参议院委员会解释的事情——没什么可以向参议院委员会解释的。"这个建议可以最好地概括审慎伦理的精神。

无论是军队、企业，还是大学，这些组织中的"将军们"都备受关注。他们必须预计自己的行为会被看到、审视、分析、议论与质疑。因此，审慎伦理要求他们避免做出那些不容易被理解、难以解释或证明的行为。但引人注目的将军们也是榜样。从职位和知名度来看，他们是领导者。他们唯一的

○ 枢德（cardinal virtue），是古典哲学和基督教哲学中最基本的美德，包括：审慎（prudence）、正义（justice）、坚忍（fortitude）、节制（temperance）等。——译者注

○ 《论基督教君主的教育》（*Education of the Christian Prince*），伊拉斯谟 1516 年的著作，该书是献给神圣罗马帝国皇帝查理五世的礼物。——译者注

○ 马基雅维利（Machiavelli，1469—1527），政治思想家，最早将政治与道德分离，1532 年出版《君主论》。——译者注

选择在于，自己作为榜样领导他人做出正确的还是错误的行动，给出正确的还是错误的指示，领导还是误导。因此，他们有伦理义务成为做正确行为的榜样，避免成为错误行为的示范。

审慎伦理没有阐明什么是"正确的"行为。它认为，什么是错误行为是显而易见的，如果存在任何疑问，那就是"可疑的"，应该避免。审慎使得在自身的行为中遵循伦理戒律，成为领导者的一项伦理责任。

通过遵循审慎伦理，每个人（不论什么身份）都能够成为一名领导者、一位高素质的人，用当代的语言来说，就是能够"实现自我"。一个人要成为高素质的人，就必须避免某些行为，这些行为会使他成为自己不愿意成为的人、自己不尊重的人、作为高素质之人不愿意接受的人。"如果你不想早上在盥洗镜里看到一名皮条客，那么晚上就不要找应召女郎款待国会议员、客户或销售人员。"从任何其他视角来看，找应召女郎可能会被谴责为庸俗、没品位，并可能被视为正派的人所不齿之事。它可能被鄙视为低俗的，甚至可能是非法的。但只有在审慎伦理视角下，这种行为才与伦理相关。19 世纪最严格的伦理学者克尔凯郭尔说审美是真正的伦理，这就是其含义所在。

审慎伦理很容易退化。关注可证明是合理的事情，非常容易变为关注外表。对君主（即那些位高权重且广受关注之人）而言，外表可能比实质更重要，最早指出这一点的绝不是马基雅维利。因此，审慎伦理很容易退化为虚伪的公众形象。以身作则来实施领导很容易产生假冒的克里斯玛[⊖]、对错误指示和错误领导的掩饰，希特勒等典型的克里斯玛型领导者就是如此。通过自

⊖　克里斯玛（charisma），社会学术语，是指一种具有超凡魅力的领导类型。韦伯在《经济与社会》中提出克里斯玛权威、传统权威、合理 - 合法权威，分别作为不同类型组织的基础。——译者注

我发展成为一名高素质的人，即克尔凯郭尔所谓的"成为基督徒"，这种"实现"可能变为法利赛人（为自己与他人不同而感谢上帝的人）的矫揉造作，或者变为自我放纵而非自律，道德沦丧而非自尊，常说"我喜欢"而非"我知晓"。

然而，尽管存在上述堕落的趋势，审慎伦理无疑适用于组织型社会。当然，审慎伦理不是企业伦理，军队中的将军、美国财政部的部长、参议员、法官、银行高级副总裁或医院管理者在审慎伦理中没有任何区别。但在组织型社会中，无数人身居显位，哪怕仅在某个组织中。他们之所以备受关注，并非像基督教世界的君主那样是由于出身或财富，即不是由于他们是显赫人物。他们是工作人员，并且唯有通过履行责任做出正确的行动才能凸显自身的重要性。这正是审慎伦理的全部。

同样，无论在哪个组织中，管理者都要以身作则。他们为组织及成员设定基调，培育精神，决定价值观。换言之，他们要么领导要么误导。并且他们只能选其一，没有其他选择。尤其是，自我发展的伦理或审美似乎是为现代组织中管理者的具体困境量身定做的。管理者本人不过是一名普通人，实际上籍籍无名。在他退休并离开公司摩天大楼 26 层的豪华办公室，或者宪法大道[⊖]的部长办公室一周后，大楼中可能就再也没人认识他。他住在舒适的郊区中产阶级住宅（绝非所谓的豪宅）内，邻居们只知道"乔在公园大道上班"或者"在政府里做事"。然而，这个由籍籍无名的管理者构成的集体是现代社会的领导者。他们承担的功能要求其具备高素质之人的自律和自尊。为满足社会的绩效预期，他们不得不努力实现自我，而不是满足于碌碌

⊖ 宪法大道（Constitution Avenue），华盛顿的一条主要大街，白宫、国会大厦、最高法院等都位于该街道周边。——译者注

无为。然而，即使处于事业的巅峰并取得了成功，他们依然只是组织的螺丝钉，能被轻易替换。而且，这正是伦理中的实现自我（即克尔凯郭尔式"成为基督徒"）所关注的：在不是大人物更不是君主的情况下，如何成为高素质的、重要的、自治的人。

因此，关于企业伦理的讨论有望聚焦于审慎伦理。一些词汇（如"实现自我"）尽管在企业伦理和审慎伦理中有截然不同的含义，然而听起来确实相同。但总体而言，即使关于企业伦理的讨论更明智地涉及组织伦理，也与审慎无关。

原因很明显，审慎伦理是权威的伦理。当今对企业伦理（或大学行政伦理、医院行政伦理或政府伦理）的讨论虽然大声疾呼责任，但毫不犹豫地拒绝任何权威，当然尤其是企业管理者的任何权威。这种讨论认为权威不是正当的，而是"精英主义的"。但是，在权威被剥夺的地方，就没有责任可言。否认权威，这不是无政府主义，也不是激进主义。这叫小孩子脾气。

互赖伦理

决疑论早已被彻底否定，以至于在多数哲学史教科书中也只是在论述其终极论敌（斯宾诺莎和帕斯卡）时才被顺带提及。实际上，仅仅在10年或15年前，几乎没有哲学家认为可能出现"企业伦理"这种东西。假定某个群体的伦理责任不同于其他所有人的，这套伦理是"特殊主义伦理"，由于决疑论的失败，它也被认为永远都注定失败。在西方，几乎任何人都认为不言自明的是，伦理肯定永远都是不因等级和身份而异的个人伦理。

但还有另一种非西方伦理，它是情境伦理。这就是所有伦理中最成功也最持久的儒家互赖伦理。

儒家伦理巧妙避开了决疑论掉入的陷阱，它也是一种普适伦理，主张同样的行为准则和约束无差别地适用于所有个人。没有凌驾于个人良心之上的社会责任，没有成本–收益计算，没有比个人及其行为更大的善或更高的衡量标准，总之没有决疑论。在儒家伦理中，准则无差别地适用于所有个人。但基于五种基本的互赖关系（对儒家而言，这包括社会中全部的个人相互关系：君臣、父子、夫妇、兄弟、朋友）形成了不同的普适准则。正确的行为（即儒家伦理中的"诚"[○]，译为英语是"sincerity"）是真正适合特定相互依赖关系的个人行为，因为它会优化双方的收益。其他行为是虚伪的，因此是错误行为，也是不符合伦理的行为。这种行为会制造不和而非和谐，剥削而非收益，操纵而非信任。

在企业伦理领域，采用儒家方法讨论伦理问题的一个例子是性骚扰。在儒家看来，性骚扰显然是不符合伦理的行为，因为它在基于功能的关系中滥用了权力。这使其成为剥削。上级这种虚伪的（也就是严重不符合伦理的）行为是发生在企业中，还是发生在任何其他类型的组织中，基本上没有差别。主仆或上下级关系是个人之间的关系。因此儒家不区分下述两种情况：总经理强奸秘书，与17世纪英国著名日记作家塞缪尔·佩皮斯[○]强迫妻子的女仆屈从于色诱。当今的秘书如果不从，代价通常就是辞职及随后的种种不便。然而，佩皮斯夫人可怜的女仆如果不从，就会被扫地出门沦落街头，

○ 在东方或西方的关系中，引起最多误解的莫过于"诚"（sincerity）。对西方人来讲，"诚"的意思是"忠于信念和感情的言语"；但对东方人来讲，"诚"的意思是"适合特定关系，并使其和谐、优化相互收益的行动"。对西方人来讲，"诚"和意图（即道德）有关；对东方人来讲，"诚"和行为（即伦理）有关。

○ 塞缪尔·佩皮斯（Samuel Pepys，1633—1703），英国政治人物、作家，自1660年元旦开始记日记，坚持了近10年，事无巨细地记录了自己的私生活及对国家大事的评论。——译者注

如果屈从，那么当她怀孕时依旧会被扫地出门，最终都难逃成为娼妓的命运。在儒家看来这两种情况没有很大区别。同样，公司副总的性骚扰行为，大学教授通过暗示提高成绩来引诱女学生，在儒家看来这两者也没有很大区别。

最后，这种特定的虚伪涉及两性关系，在儒家看来不是实质性问题。如果上级像无数企业伦理的热情支持者主张的那样，把自己当作下级的心理治疗师并帮助他们调整，那么上级同样是在做出严重不符合伦理的行为，违反了根本的行为准则。不论上级的意图多么无私，这同样与诚实正直的上下级关系不相容。这同样扭曲了基于功能的等级，滥用了权力。因此，无论是出于权力欲或操纵欲，还是出于善意，这都是剥削——无论哪种方式都是不符合伦理的、具有破坏性的。两性关系和医患关系都必须摆脱等级，这样才能有效、和谐、伦理上正确。只有作为朋友关系或夫妻关系（在这种关系中，功能上的区别不会造成任何等级），它们才具有建设性。

我认为，上述例子清楚表明，企业伦理的几乎所有关切（实际上是企业伦理认为的几乎所有难题）都与互赖关系有关，无论是组织与雇员、厂商与客户、医院与患者、大学与学生等之间的关系。

从互赖伦理角度看，这会立刻解决当前企业伦理讨论中令人困扰的难题：特定行动或行为发生在企业内部、非营利组织内部或任何组织外部，这会有什么区别呢？显然，答案是没有任何区别。实际上，在当今关于企业伦理的讨论中引起激烈争论的问题，例如，把医院从"非营利组织"改为"私营的营利组织"是否会影响其行为及相应的伦理？对互赖伦理最粗略的了解也可以揭示出，这些问题是一种诡辩，根本不成为问题。

因此，互赖伦理确实解决了企业伦理试图解决的问题。但当今的讨论或明或暗地否认了互赖伦理的这种基本洞见，而这正是互赖伦理的起点，也是其优势和持久性的来源。当今的讨论否认**互赖**。

就像公元前 479 年孔子去世后不久儒家的哲学家们首次编纂的那样，互赖伦理认为，在人类关系中滥用权力是不正当的、不符合伦理的。它声称，互赖要求义务的平等。子女要孝顺、尊重父母。反之，父母也应爱护、支持并尊重子女。因为在儒家圣贤传记中的每位孝道模范（如孝女）都有做出牺牲的父母典范（如放弃朝中锦绣前程转而照顾五个子女，并倾注时间和精力的慈父）。每位冒着丢官甚至生命危险勇敢纠正皇帝不当行为的大臣背后，都有一位宁愿牺牲自己的性命也不愿将忠诚的大臣丢给政治群敌的皇帝。

在互赖伦理中，只有义务，并且所有义务都是相互义务。和谐与信任（即互赖）要求每一方都有义务向另一方提供达成目标和实现自我所需的东西。

但在当今欧美国家关于企业伦理的讨论中，伦理意味着一方有义务，另一方有权利，甚至是资格。这与互赖伦理不相容，实际上与任何伦理都不相容。这是权力政治，实际上是赤裸裸的剥削政治和压迫政治。在互赖的背景下，剥削者和压迫者不是上司，而是那些只想维护自身权利而拒绝接受相互义务及由此带来的平等的人。要恢复互赖关系中的平衡（或至少是互赖伦理所坚持的平衡），要求的不是让权力制衡权力或权利约束权利，而是义务匹配义务。

举例说明：当今关于组织伦理的辩论非常关注"举报"的职责，以及保护举报人免受上司或组织的报复或压迫。这听起来非常高尚。当然，对于上级及组织的不端行为，甚至是违法行为，下级有权利（甚至有职责）公之于众，并采取补救行动。但在互赖伦理的背景下，举报在伦理上存在很大争议。诚然，上级及所在组织可能做出严重违反礼仪和法律的不端行为，以至于下级（或朋友、子女甚至妻子）不能保持沉默。毕竟，还存在"重罪"[⊖]一说。而知情不报会被视为重罪的同谋，要负刑事责任，并因此加重罪责。但如果举报了呢？问题主要不在于鼓励举报会破坏上下级之间的信任关系，而在于它必然会使下级对上级保护下级的意愿和能力产生怀疑。下级根本不再是上级的支持者了，而是成了上级潜在的敌人或政治棋子。最终，仅仅因为上级不再承认或履行对下级的义务，鼓励甚至允许举报总会使弱者（即下级）无力对抗肆无忌惮的上级。

毕竟，举报仅仅是告密的另一种说法。或许并非完全无关的是，在西方历史上，鼓励告密的社会都处于血腥且臭名昭著的暴政统治之下：罗马帝国的提比略和尼禄暴政、西班牙菲利普二世时期的宗教裁判所暴政、法国大革命期间的恐怖统治等。

在互赖伦理中，相互义务的限度确实是一个核心的、棘手的问题。但就像举报的支持者所做的那样，一开始就假设只有一方有权利，这会使得任何伦理都变得不可能。如果伦理的根本难题是互赖关系中的行为，那么义务就必须是相互的，并且双方必须平等。实际上，在互赖关系中，正是义务的相互性创造了不分等级、财富或权力的真正平等。

今天，关于企业伦理的讨论极力否认这一点。这些讨论倾向于主张，互赖关系中的一方承担所有义务，另一方享有所有权利。这很快就会以否认所有伦理而告终，也必然意味着伦理沦为权势者的工具。如果一套伦理是单方面的，那么规则就势必由那些拥有职位、权力、财富的人制定。如果互赖不是义务的平等，那么就会变成支配。

⊖　重罪（felony），源于英国普通法，在美国法律中是指法庭判处死刑或一年以上监禁的罪行。——译者注

把企业伦理视为一种互赖伦理，揭露出另外一个同样严重的难题，实际上是一个**更**严重的难题。

互赖伦理能否是不仅适用于个人的伦理？儒家学者认为不能。对儒家学者（但也对西方传统哲学家）而言，只有**法律**才能处理集体的权利和异议。**伦理**永远是个人的事。

但是，在我们所处的组织型社会，这是否足够呢？这也许是现代社会中的哲学家需要解答的核心问题。在现代社会中，人们的生计、职业、成就主要存在于组织中且通过组织来实现，受过良好教育的人尤其如此，对他们来说，组织外的机会确实非常少。在这样一个社会中，社会和个人都越来越依赖组织绩效以及组织的"诚"。

但是，在当前关于企业伦理的讨论中，人们甚至看不到这个难题的存在。

是"伦理时尚"还是伦理

本文的讨论应该已表明，企业伦理之于伦理，犹如软色情之于柏拉图式爱欲，软色情也谈论所谓的"爱"。甚至在企业伦理向伦理靠拢的情况下，实际上企业伦理是接近了决疑论，并且可以预见它最终将成为无耻之徒的遮羞布，专门为有钱有势的人辩护。

显然，在所谓企业伦理的奇怪大杂烩中，一个主要成分是对企业和经济活动的老式敌意，这是美国最古老的传统之一，或许也是清教徒遗产中唯一仍然活跃的部分。否则，我们甚至不会谈论企业伦理。任何伦理都不会认为，某个主要的活动领域有独特的伦理难题，更不用说有独特的伦理了。就像在"企业与政府"课程（借用曾经流行的大学课程名称）中或反托拉斯法律中，企业或经济活动可能有特殊的政治或法律维度。企业伦理可能是好的政治观点或好的竞选策略，但仅此而已。因为伦理关注的是个人的正确行动。无论场景是某家社区医院——行为人是某位护理主管，顾客是某位病人，还是某全国性公司——行为人是某位质量控制经理，顾客是一辆自行车的买家，伦理标准当然都是一样的。

但企业伦理之所以流行，其中一个原因肯定也是人性的弱点，也就是帕斯卡指责他那个时代决疑论者所具有的人性弱点：发誓谦卑的知识分子对权力和名声的欲望。企业伦理是一种时髦，各类会议、讲座、咨询、宣传层出不穷，相关人士赚得盆满钵满。无疑，企业伦理及高层不当行为的故事，迎合了人们长久以来对社会八卦的喜爱，也迎合了淫乱（我确信拉伯雷⊖说过）：当农民在干草堆中翻滚时，是在通奸；当王子在干草堆中摇晃时，却成了浪漫。

总之，企业伦理很可能被称为伦理时尚，而非伦理——实际上，它更可能被视为一种炒作，而非哲学或道德。

但本文对主要伦理方法及其关注点的讨论当然也表明，伦理在我们的组织型社会中对个人的意义和在以前社会中对个人的意义一样。现如今，伦理同样重要，并且同样被需要。因此，伦理当然要求开展艰苦认真的工作。

组织型社会是一个互赖社会。对于现代社会，对于现代组织内部的伦理难题以及现代组织与委托人、顾客、支持者之间的伦理难题，儒家学者所假定的普适和基本特定关系可能是不够的，甚至是不合适的。但其根本理念肯定是合适的。实际上，如果有一种可行的组织伦理，那么几乎可以肯定它必

⊖ 拉伯雷（François Rabelais，约 1483 或 1494—1553），法国文艺复兴时期作家、人文主义者，代表作《巨人传》。——译者注

须采用下述使得儒家伦理既持久又有效的关键理念：

- 根本关系的明确界定。

- 普适的和一般的行为准则，也就是说，这种准则根据要求、功能与关系对所有个人或组织具有同等约束力。

- 聚焦正确行为而非避免不当行为，聚焦行为而非动机或意图。

- 一种有效的组织伦理，实际上是一种值得被认真视为伦理的组织伦理，将不得不把正确行为界定为优化各方收益，从而使关系和谐、有建设性、互惠互利的行为。

但在组织型社会中，无数人自身是无关紧要的，实际上是籍籍无名的，但是在社会中，他们作为领导者是备受关注且非常重要的。因此，这是一个必须强调审慎伦理和自我发展的社会。这个社会必须要求经理人、管理者、专业人员自律，避免成为得不到自己尊重的那种人，做出他们那样的行为，而要努力成为自己早上在盥洗镜里愿意看到的那种人，练习他们那样的行为。

（1981 年）

致　谢

　　本书的构思与问世都归功于出版商杜鲁门·塔利。塔利先生最早建议我把发表在《华尔街日报》上的一些值得出版的文章整理成文集。接着，他又兴致勃勃地挑选了那些既有用又未过时，因此值得收入书中的文章。他耐心地、带着无尽的幽默不断督促我整理这些文章，并最终完成了必要的工作。我对他感激不尽。

　　我特别感谢老朋友兼文稿代理人约翰·库什曼，他是位有良心的编辑，也是我和塔利的顾问。

　　我还要感谢《华尔街日报》，感谢出色的编辑罗伯特·巴特利，以及负责该报社论版面的汤姆·布瑞、亚当·迈耶森，感谢他们的鼓励、建议和批评、友好但可靠的编辑，也感谢他们允许我以书籍形式出版这些文章。

　　在准备本书的内容时，我仅对原始文章做了最小的改动。在少数情况下，我删除了若干参考书籍或文章。我还调整了对具体时间的描述。例如，某篇写于1980年春的文章谈到"即将到来的选举"，我将其改为"1980年秋的选举"；某篇写于1977年的文章谈到"明年"，我改为"1978年"。对于个别过于呆板的原始标题，我做了精简或修改。但我并未重写文章内容，也没有加入后见之明。因此，读者可以自行判断作者在哪些地方是正确的，在哪些地方是彻底错误的，以及两者出现的频率如何。

本书翻译/审校得到了"纪念彼得·德鲁克翻译基金"的资助。"纪念彼得·德鲁克翻译基金"由杨琳、刘忠东、鲁振华、聂卫华、孙志勇等企业家支持，获得多方资助成立，旨在为德鲁克系列著作的翻译优化工作提供资金支持，以鼓励审译团队精雕细琢，反复考证，为广大读者提供更为准确易读的译本。

纪念彼得·德鲁克翻译基金

发起人：孙志勇 康至军

资助方名单：志邦家居 容知日新 锐捷网络 VeSync 西安华中

《时代变局中的管理者》
审译团队名单

译者：慈玉鹏

审校者：辛弘 曾佳

彼得·德鲁克全集